JN414254

넥스트

좋은 사회로 가는 길

the road to the good society

NEXT

Next : The Road to the Good Society
Copyright © 2001 Amitai Etzioni
Korean Translation Copyright © 2007 Ingansarang Publishing Co.

First published in the United States by Basic Books,
a member of The Perseus Books Group.

Korean edition is published by arrangement
with The Perseus Books Group
though Duran Kim Agency, Seoul.

이 책의 한국한국어판 저작권은 듀란킴 에이전시를 통한 The Perseus Books Group과의 독점계약으로 도서출판 인간사랑에 있습니다. 저작권법에 의해 한국 내에서 보호를 받는 저작물이므로 무단전재와 복제를 금합니다.

넥스트

-좋은 사회로 가는 길-

아미타이 에치오니*Amitai Etzioni* 지음
이범웅 옮김

인간사랑

❈ 서문 ❈

지난 20세기는 프랑스 대혁명에서 내걸었던 자유, 평등, 연대성 등 세 가지 이념에 대한 정치적 실험이 진행되었던 시기라고 생각한다. 먼저 평등에 대한 실험은 공산주의의 이데올로기를 통해 이루어졌다. 그러나 공산주의의 실험은 가난한 쪽으로의 평등은 이루어졌지만 자유를 억압하고 인간의 기본적인 수요조차 충족시키지 못함으로써 실패로 끝나고 말았다.

다음으로 연대성에 대한 실험은 나치즘과 파시즘 등 국가사회주의 이데올로기를 통해 이루어졌다. 하지만 이 역시 연대성의 과도한 추구로 개인의 자유가 억압되었으며, 다른 민족과 국가를 침략하는 팽창주의로 나아갈 수밖에 없었다. 그러한 세력에 의해 이루어진 제2차 세계대전을 통해 엄청난 고통과 희생이 뒤따랐으며, 그들의 정치적 실험 역시 참담한 실패로 귀결되었다.

마지막으로 자유에 대한 실험은 초기에 자유방임주의로 나타났으며, 최근에는 신자유주의로 나타났다. 유럽에서 광범위하게 확산된 사회민주주의가 사회주의와 자본주의 대립과 경쟁과정에서 제3의 길로 나타난 것이다. 그러나 사회민주주의와 복지자본주의도 체제 내부의 비효율성과 해당 국가의 누적된 재정적자로 한계점에 봉착되게 되었다. 그 이후 대처리즘과 레이거노믹스로 대표되는 신자유주의의 출현을 목도하게 되었다. 신자유주의 또한 잔인하고 혹독한 무한 경쟁으로 많은 패배자와 국가 간 · 개인 간 엄청난 빈부격차를 야기하고 말았다. 따라서 현재 진행 중인 신자유주의의 실험도 부분적인 실패를 인정하지 않을 수 없게 되어가고 있다.

이와 같이 지난 20세기는 프랑스 대혁명에서 기치로 내걸은 세 가지 이념들 중 어느 하나를 과도하게 추구하는 과정에서 폭력과 대살육을 겪게 되었다고 볼 수 있다. 따라서 20세기의 역사적 교훈은 세 가지 이념들의 조화로운 추구가 필요함을 우리에게 가르쳐 주었다는 점이다.

그리고 우리 한국의 근현대 사회에서 날카롭게 전개된 이념 대립은 순기능과 역기능을 동시에 가지고 있다고 볼 수 있다. 우리 사회의 보수와 진보의 첨예한 대립은 작용과 반작용처럼 사회 발전의 추동력으로 작용한 측면이 없지 않다. 그러나 다른 한편으로 우리 사회의 통합능력을 약화시키고 민족과 국가의 역량을 소진한 측면이 있다고 볼 수 있다. 이제 우리 사회의 이념적 대립이 순기능을 최대화하고 역기능을 최소화하려는 방향으로 나아가야 할 것이다.

본 역자는 이러한 전제를 기반으로 우리 사회의 대안 이데올로기로서 공동체주의에 대한 박사학위 논문을 썼으며, 그동안 이 분야의 선행 연구물들을 탐색하고 연구하여 왔다. 지난해에 미국의 UC. Riverside에서 방문연구자(visiting scholar)로 가 있는 동안 에치오니(Amitai Etzioni)의 이 책(*NEXT*)을 번역하기로 결심하였다.

이 책은 "우리가 좋은 사회로 어떻게 나갈 수 있느냐?"라는 공통적인 주제를 해결하기 위해 핵심적인 일곱 문제를 다루고 있다. 이를 위해 우리가 어떤 종류의 사회를 추구해야 할 것인지에 대한 간단한 탐색으로 시작하고 있으며, 다음으로 이 청사진을 현실로 옮기기 위한 방법들을 적고 있다.

에치오니가 상정하고 있는 좋은 사회를 만들기 위한 전제조건은 급작스런 좌경화도 급작스런 우경화도 아니라는 것이다. 대신에 에치오니는 '개인의 자율과 사회적 질서 간의 균형', '공익과 사익 간의 균형', '개인의 권리와 공동체에 대한 의무 간의 균형' 등을 모토로 한 공동체주의의 중도 방향에서 좋은 사회를 정립하고자 한다. 한마디로 좋은 사회란 인간의 존엄성이 보장되고 실현되는 사회를 의미한다. 좋은 사회는 유토피아가 아니라 현실세계와의 조화를 통해 실현하고자 한다.

이 책은 이 분야의 전문적인 학자나 이 분야를 전공하고자 하는 학생들을 위해 집필되었다기보다는 평범한 시민들이나 일반 독자를 위해 가급적이면 쉬운 일상적인 용어로 기술

되었다. 이 책은 미국의 상황을 토대로 다음(Next) 세대에 좋은 사회로 나아갈 길을 조망한 것이기는 하지만 에치오니의 전망은 우리 한국 사회에도 적잖은 시사점을 준다고 하겠다. 그런 이유로 이 책을 번역하였다.

그동안 본 역자는 동료 학자들과 공동 저서나 역서는 여러 권이 있었지만 단독으로 출판하게 된 것은 이 책이 처음이다. 앞으로도 공동체주의 분야의 연구물을 정리하여 단행본으로 출판할 계획을 하고 있다. 이 책을 번역하는 과정에서 많은 노력을 했지만 오역과 저자의 본의를 왜곡한 부분이 있을 것으로 사료된다. 이 부분에 대한 독자 여러분들의 비판과 지도 조언을 겸허히 받아들여 다음의 책에서 반영하도록 하겠다.

본인은 학자의 길을 걷는 데 많은 분들의 도움을 받았다. 너무 일찍이 세상을 뜨신 고 이용필 교수님의 가르침과 사랑에 감사를 드리면서 더 많은 배움을 받지 못한 것에 대해 늘 가슴 한 구석에 휑한 마음을 갖고 있다. 그리고 서울대학교의 진교훈 교수님, 정세구 교수님, 전인영 교수님, 이온죽 교수님의 가르침에 대해 마음 속으로부터 늘 감사의 마음을 갖고 있다. 그리고 세상의 어느 부모나 다 그렇겠지만 특히나 모든 희생을 감수하면서 뒷바라지해 주신 부모님께도 감사를 드린다.

아울러 본인 때문에 많은 것을 포기하고 정성으로 도와준 나의 사랑하는 아내에게 늘 고마움과 미안한 마음을 가지고 있다. 그리고 일일이 헤아릴 수 없이 많은 가족들과 친구들, 동학도들에게 고마운 마음을 전하고 싶다. 끝으로 꼼꼼하게 편집과 교정을 해주신 도서출판 인간사랑 편집부 직원과 어려운 출판 여건 속에서도 쾌히 출판을 해주신 도서출판 인간사랑의 여국동 사장님께 충심으로 감사를 드린다.

2006년 12월

이범웅

※ 차례 ※

5 ____ 역자 서문

13 ____ 서론

25 ____ 제1장 좋은 사회 : 첫 번째 원리

31 ____ 제2장 공동체의 의무

55 ____ 제3장 유연한 도덕적 문화를 위하여

97 ____ 제4장 작지만 적극적인 정부

125 ____ 제5장 강하지만 너무 자유분방하지 않은 경제

151 ____ 제6장 게임의 규칙을 지키는 것

181 ____ 제7장 다양성으로부터 하나로 : 다원성 내의 통합

201 ____ 제8장 다음의 거대 담론 : 새로운 반문화인가? 종교의 부활인가?

209 ____ 색인

서론

이 책은 문화전쟁과 비정한 인간관계에 찌들어 살고 있는 나의 동료 시민들을 위해 쓰여진 것이다.[1] 또한 이 책은 모든 진리나 지혜가 어떠한 정파의 전유물이라고 믿지 않는 사람들을 위한 것이다. 그리고 함께 공유할 목표나 아젠다를 세울 수 있다고 믿는 사람들을 고무하기 위한 책이다. 이 책은 국가나 지방단체의 선출직 관리들 뿐만 아니라 우리 공동체들, 정말로

1 이 주제에 대한 추가적인 탐색과 사고를 위해서는 다음의 두 책을 참고하라. E. J. Dionne Jr., *Why Americans Hate Politics*(Washington, D.C. : The Brookings Institution, 2000) ; Deborah Tannen, *The Argument Culture : Moving from Debate to Dialogue*(New York : Randome House, 1998).

그 구성원들에 의해 미래에 꼭 성취되어야 할 문제들을 다루고 있다.

이 책의 중요한 전제는 미국의 근본적인 정책이 민주당과 공화당 사이에 적당한 타협 그 이상을 포괄하는 것이어야 한다는 점이다. 국가자유주의와 자유방임주의 사이의 오래된 반목이 수많은 공공 거래(협력)와 정책 토론을 지배했음에도 불구하고 그런 반목과 갈등이 크게 주목받지 못했다는 점을 우리는 지난 수십 년의 경험을 통해 확인할 수 있었다. 이런 모든 것들은 시장이나 국가보다는 사회의 주요 관심사가 되었다. 이런 이슈는 우리 공동체 문화, 제도, 가치 등에 관한 것들이다. 그리고 이런 문제는 종교적 권리(아주 특이하게)에 의해 표출되고, 공동체주의자라는 좀 쑥스러운 호칭을 가진(내가 환영해마지 않는) 온건한 집단과 사상가들에 의해 주목을 받아왔다.[2] 공동체 개념에 의존하는 이 용어는 일상적인 용어가 아니라 사회적 문제에 대해 사고하는 새로운 방식을 담고 있다.

2 신공동체주의는 아시아 공동체주의와 혼돈하지 말아야 한다. 아시아 공동체주의는 권위주의를 추종하는 경향이 있다. 이와 관련하여서는 다음의 책들을 참고하라. Amitai Etzioni, *The Spirit of Community*(New York : Touchstone, 1993) ; Amitai Etzioni, *The New Golden Rule*(New York : Basic Books, 1996) ; *The Responsive Communication Platform : Rights and Responsibilities*(Washington D.C. : The Communitarian Network, 1991) ; The Communitarian Network Website인 http://www.gwu.edu/~ccps/를 참고하라.

신공동체주의는 공동체 구성원 간의 상호 신뢰가 더 바람직하다고 믿는 사람들의 사고방식이기도 하다. 신공동체주의자들은 강제보다는 설득에, 그리고 서로에 대한 신뢰 속에서 살아가고자 하는 온화한 도덕성(soft morality)에 초점을 맞추고자 한다. 공동체주의의 도덕성은 그 교의가 약하기 때문이 아니라, 그것의 힘이 국가로부터 나오는 것이라기보다는 공동체 구성원들 사이에서 생겨난다는 점에서 온화하다(부드럽다)는 것이다. 우리가 사회적 이슈에 대해 온건한 입장이든 강경한 입장이든, 아니면 중립적 입장이든 간에 우리가 당면한 사회적 · 도덕적 · 정치적 · 정신적 도전을 언급하지 않고 우리의 미래에 대해 진지하게 생각하는 일은 쉽지 않다.

이 책은 공통적으로 하나의 주제를 해결하기 위해 핵심적인 일곱 가지 문제를 다루고자 한다. 그 하나의 주제라는 것은 "우리가 좋은 사회로 어떻게 나아갈 수 있느냐?"이다. 이 책은 우리가 어떤 종류의 사회를 추구해야 할 것인지에 대한 간단한 탐색으로 시작할 것이다. 다음으로 이 청사진을 현실로 옮기기 위한 방법들에 대해 이야기할 것이다. 즉, 다음의 논의는 우리가 미래의 좋은 사회로 나아가기 위한 일반적인 지향 방향에 관한 것이다. 우리의 전제조건은 급작스런 좌경화도 급작스런 우경화도 아니라는 것이다. 대신에 이 논의는 우리가 10년 이상 동안 추구해야 할 중도 방향 내에서 중요한 진로의 수정에 초점을 맞추고 있다.[3]

오늘날 우리가 당면하고 있는 일곱 가지 문제는 다음과 같다 :

① 정부나 시장에 의존하지 않으면서 우리는 가족, 공동체, 자발적 단체 등의 구성원으로서 서로를 위해 무엇을 해야 하는가?

② 개인으로서 지켜야 할 도덕적 가치들과 공동체 구성원으로서 지켜야 할 도덕적 가치를 우리는 어떻게 나눌 수 있는가? 강제보다는 설득에 의존하는 부드럽고 온화한 도덕성으로 무장함으로써 도덕적 무정부주의나 도덕적 결정론으로 빠질 위험성에서 벗어날 수 있는가?

③ 정치를 정화하고 우리들 사이의 차이점을 극복하고 따라야 할 게임의 규칙들을 마련하기 위해 어떤 일들이 전제되어야 하는가? **정치인들의 부정부패에 대해 유권자들의 목소리보다 정치인 자신의 생각을 우선시하려는 것을 양당(민주당과 공화당)이 사전에 차단하고, 그럼으**

3 중도파(centrist)라는 용어는 펜(Mark Penn)에 의해 "가운데 깃발을 높이 올리다"라는 말에서 연유된 것이다. 자세한 것은 다음의 논문을 참고하라. Mark Penn, "The Decisive Center," *The New Democrat* 12, no. 2 (March/April 2000) : 8–13.

로써 라이츠(James Wrights), 깅그리치(Newt Gingriches), 클린턴(Bill Clinton)과 같은 지도자를 권좌에서 물러나지 않도록 하기 위해 어떤 조치가 취해져야 하는가? 돈이 후보자 주변에 몰려들어 넘쳐날 때 통로를 폐쇄하는 방식이 아닌 1달러당 1표 방식의 금권정치로 전환을 막는 방식으로 선거비용 문제가 철저히 개혁될 수 있을까?

④ 우리의 국가적(민족적) 통합이 점증하는 다양성과 불평등에 의해 위협받고 있는가? 다문화주의를 유지하면서도 통합을 이룰 수 있도록 차이를 메울 수 있는 어떤 방법이 있을 수 있는가? 우리는 미국 내 다민족의 다양한 문화유산을 존중하면서도 한 나라로서 미국을 발전시켜 나가는 것이 어떻게 가능한가?

⑤ 좋은 사회의 비전은 이 단계에서 정부예산(지출), 규제, 노동력 등의 감축을 요구하는가? 또는 더 적극적인 국가를 요청할 때인가? 신자유주의 노선을 수정할 때인가?

⑥ 우리가 소중히 여기는 사회적 · 도덕적 가치들을 훼손하지 않으면서 강한 경제로 계속해서 성장시킬 방법이 있는가? 시장이 다른 요소를 압도하지 않고 24/7사회[4]로 밀어넣지 않으면서 경제 보수주의자들이 선호하는 바대로 어떻게 우리는 시장을 계속해서 활

성화시킬 수 있는가?

⑦ 마지막인가? 그렇지 않으면 최소한도 이루지 못했다는 것인가? 우리는 더욱 풍요로운 사회를 만드는 것을 끝마쳐야 하는가? 또는 더 높은 목적을 향하여 나아가야 하는가? 풍요를 넘어 무엇이 있단 말인가?

† · † · †

배가 돛대의 힘으로 항해하던 시절에 프랑스 철학자 몽테스큐(Montesquieu)는 그 어떤 바람도 설계된 항구를 갖지 않는 배를 위해 소용없을 것이라고 말했다. 이 책은 배가 정박할 항구로서의 청사진을 만들기 위해 기획된 것이다. 그 항구는 고대 그리스 시대 이래로 신구약성서에서 제기됐던 인간 존엄성을 고양하고자 시도했던 일종의 좋은 사회이다.

최근에 시민사회의 모색을 위한 많은 노력이 있어 왔다. 시민사회를 건설하는 일은 훌륭하지만 그것만으로는 충분하지 않다.[5] 시민사회는 협소한 개념이다. 토크빌(Alexis de Tocque-

4 역자 주 : 샤피로(Stephen M. Shapiro)의 『24/7 이노베이션에』에 소개된 표현으로서 "하루 24시간, 1주일 7일 혁신하라"는 명제는 오늘날의 기업들이 시시각각 변화하는 소비자들의 요구를 만족시키면서 성공을 거두기 위해 반드시 실천해야만 하는 필수사항을 의미한다.

ville)에서 푸트남(Robert Putnam)에 이르는 시민사회의 관점은 그 핵심에 국가로부터 시민을 보호하는 자발적인 결사체 사회의 이미지를 가지고 있다. 그리고 시민사회는 예의 바른 태도로 서로를 대하는 사회이다. 우리를 함께 포용한다는 것은 더욱 더 따뜻하게 에워싼다는 것이다. 우리가 희망하는 사회는 기본적인 도덕적 가치에 따라, 그리고 옳고 그른 확고한 개념에 따라 살아가는 사회를 의미한다. 그런 사회로 나아간다면 그것은 분명 높은 언덕에 반짝이는 도시일 것이다. 우리는 그것에 결코 도달할 수 없지만 그 빛은 그 이상을 향할 수 있도록 해야 한다.

우리의 노력은 최근의 대통령 선거운동에서 중단했던 지점에서 다시 시작할 필요가 있다. 선거운동 기간 동안 유권자들은 수많은 공약을 들었다. 이것들 중에는 읽고 쓰는 능력을 증진시키고, 석유수출국기구(OPEC)로부터 우리를 보호해 주고, 노인들을 위한 의료혜택 범위를 확대하고, 공립학교에서 학급당 인원수를 줄여주는 계획 등을 포함하였다. 이 책은 이러한 구체적인 목록들을 넘어서 수많은 현재와 미래의 문제를 평가할 일련의 원리들에 초점을 맞추고 있다.

뒤에서 논의하게 될 많은 이슈들의 근간을 이루는 하나

5 David Blankenhorn et al., *A Call to Civil Society : Why Democracy Needs Moral Truth*(New York : Institute for Americans Values, 1998).

의 특수한 사회학적 통찰력이 있다. 이름하여 사회란 물 속에 깊이 잠겨 있고, 쉽게 조종하기 어려운 화물이 가득 실린 바지선과도 같다. 한쪽으로의 코스 변경은 반대 방향으로 지나치게 기울어져 결국 또 다른 코스 변경을 요구하게 된다. 우리는 똑바른 방향으로 앞으로 나아갈 수는 없다. 내적으로 새롭게 생겨나는 욕구뿐만 아니라 자연적 · 사회적 환경의 변화는 빈번하게 코스 변경을 요구한다. 그럼에도 불구하고 우리는 주요한 코스에 머물러 있을 수 있다. 이런 이유로 사회 구성원들로부터 지지받는 코스 변경은 수십 년 이상 동안 일관된 방향을 유지하는 데 그 목표를 둔다.

1990년대 들어 민주당은 만약 그들이 미국을 이끌기를 바란다면 중도 방향으로 바꾸어야 하고, 극단적 좌파주의와 신자유주의 입장을 포기해야 할 것이다. 극단적 좌파주의와 신자유주의 입장은 책임과 기회의 핵심적인 사회가치들과 충돌을 일으킨다.[6] 한번도 극단적으로 흐르지 않았던 클린턴 정부 동안에도 신자유주의와 중도주의 사이의 여러 번의 커다란 대결이 있었지만 번번이 중도주의자들이 승리를 거두었다.

---

6 변화는 흔히 말하는 신민주당(New Democrats)의 기본 노선이었으며, 이는 클린턴 대통령의 재선에 크게 기여했다. 신민주당에 대한 상세한 논의는 다음을 참고하라. Kenneth S. Baer, *Reinventing Democrats*(Lawrence : University Press of Kansas, 2000).

공화당원들 또한 노선을 바꾸었다. 그들은 미국인들이 보수주의적 혁명을 좋아하지 않는다는 사실을 1990년대 중반에 깨닫게 되었다.[7] 우파에 의해 선호되는 대부분의 법안들이 제정되지 않았다. 그리고 공화당 의원들은 1998년 클린턴 대통령 탄핵 청문회 이전과 이후에 걸쳐 클린턴의 중도주의 정책을 추인했다. 2000년 선거운동 기간 동안 부시(George w. Bush)는 GOP(공화당)[8]를 정치와 철학의 센터로 탈바꿈시켰다. 1980년대 말에 우파의 요구는 분명했다. 그러나 1990년대에 우리는 개인의 권리가 사회적 책임을 수반해야 한다는 것을 배웠다. "강력한 권리는 강력한 책임을 전제한다"는 슬로건은 공동체주의자들의 전투적 구호로부터 이제는 누구나 인정하는 진부한 구호가 되었으며, 그런 주장은 아주 광범위하게 받아들여졌다.

여기서 나는 민주당과 공화당이 이제 근본적으로 중도주의이기 때문에 양당 사이에 중요한 차이점이 없다고 제안하지는 않는다. 한 당은 중도의 자유주의적 입장에 의지하고 있고, 다른 당은 보수주의적 입장에 더 치우쳐 있다. 2000년 선거

7 역자 주 : 보수주의적 혁명은 복지정책을 과감히 축소하고 개인의 능력과 경쟁을 조장하는 자유주의와 시장자본주의 정책으로의 급격한 전환을 의미한다.

8 역자 주 : GOP는 Grand Old Party의 약어로 1880년 이후 미국 공화당의 또 다른 이름이다.

이후 양당은 조금의 정책적 차이가 드러나고, 조금씩 각 당의 이념적 특성으로 회귀하는 경향이 나타났다. 그렇지만 부시와 고어(Gore)의 중도주의 입장은 부정할 수 없는 사실에 초점을 맞추고 있다. 즉, 그들의 국가적 아젠다(agenda)는 우파나 좌파 중 어느 한쪽으로 기울어지기보다는 서로 수렴되는 경향이 나타나고 있다.[9] 전부는 아닐지라도 수많은 이슈들에서 고어의 입장은 네이더(Ralph Nader), 파라칸(Louis Farrakhan), 또는 파글리아(Camille Paglia) 등의 입장보다 부시의 입장에 훨씬 근접해 있다. 그리고 대체로 부시의 입장은 듀크(David Duke)는 말할 것도 없이 로버트슨(Pat Robertson)이나 부케넌(Pat Buchanan)의 입장보다 고어의 입장과 더 밀접한 관련을 맺고 있다. 최근 들어 민주당과 공화당의 정강과 주장들이 훨씬 더 근접해 가고 있다.

지금까지 내가 언급했던 새로운 중도주의적 입장은 제3의 길이라고 명명되기도 한다. 왜냐하면 제3의 길은 첫 번째 방법(자유시장 경제)과 두 번째 방법(계획 · 통제의 경제사회주의)을 모두 피하려 하기 때문이다.[10] 온건한 공화당원이고 인디애나

9 Michael Lind and Sean Wilentz, "'60s Liberalism Triumphant," *Houston Chronicle*, 19 September 1999, 1.

10 제3의 길에 대해 쓰여진 수많은 논문이나 책들 중에는 다음과 같은 것들이 있다. Tony Blair, *The Third Way : New Politics for the New Century* (London : Fabian Society, 1998); Al From, "The New Democrat Decade," *The New Democrat* 11, no. 6(November/December 1999) : 28 ; Al From,

폴리스의 전 시장인 골드스미스(Steve Goldsmith)는 부시의 "온건한 보수주의(compassionate conservatism)"를 제4의 길이라고 명명했다.[11] (가벼운 마음으로 나는 고어와 부시의 접근 모두를 포함하는 중도주의적 패러다임을 제7의 길이라고 부르려고 생각했었다.) 그러나 제3의 길과 제4의 길에 대한 대부분의 논의에서 어떤 것들은 평가절하되기도 한다. 그리고 이러한 논의에서 공동체의 역할과 중요성이 광범위하게 인식되고 있다.

나를 포함한 대부분의 지식인들은 두 종류의 책들을 쓰기를 원한다. 한 종류는 학술적인 책으로, 학술적인 책은 동료 학자들에 초점을 맞춘 것이다. 이와 같은 두꺼운 학술적인 책들은 전문적인 용어들, 수많은 주석들, 통계적 · 양적 데이터, 그밖의 학술기관의 색인 등을 포함한다.

다른 한 종류의 책들은 우리의 동료 시민들을 위한 것이다. 여기서 우리는 이런 저런 이전의 학술적인 저서나 연구들을 활용한다. 우리는 어느 한 학자라도 방해받지 않고 동참할 수 있도록 영어로 쓰려고 한다. 우리는 데이터와 기술적 분

"Understanding the Third Way," *The New Democrat* 10, no. 5 (September/October 1998) : 28 ; Anthony Giddens, *The Third Way*(Cambridge : Polity Press, 1998); Fred Siegel and Will Marshall, "Liberalism's Lost Tradition," *The New Democrat* 7, no. 5 (September/October 1995) : 8–13.

11 E. J. Dionne Jr., "A Fourth Way," *Washington Post*, 30 March 1999, A17에서 재인용된 것이다.

석의 상세한 제시보다는 오히려 실제적 예를 들어주려고 한다. 전문용어는 가급적 피하고자 한다. 도덕감과 도덕적 판단에 대한 공개적인 호소는 얼마든지 환영한다. 이 책은 이처럼 일반 독자들에 초점을 맞추어 쓰여진 것이다.

제1장

좋은 사회

_첫 번째 원리

비전

우리는 중도주의 노선의 좀더 분명한 비전과 나아갈 방향을 마련할 필요가 있다. 중도주의에서는 특별한 정책들이 환영을 받는다. 기술적인 세부사항들이 매력적일 수 있으며, 이런 저런 공공 프로그램이나 법률적 구조에 의해 요구된 특수한 정책변화에 대한 토론의 여지가 남아 있다. 그러나 대부분의 사람들은 정책 전문가나 전문가 출신 관리자가 아니다. 대부분 사람들은 우리가 성취하고자 하는 것, 예를 들어 특수한 아이디어를 생각해내고, 특별한 과거의 성과를 평가하고, 미래를 위해 계획하는 기본틀을 만들 것을 갈망한다. 우리는 우리의 노력과 희생 그리고 삶에 의미를 불어넣고, 우리가 따라야 할 비전을 모색하고자 한다.

미국 사람들은 시민사회뿐만 아니라 좋은 사회를 갈망한다. 좋은 사회는 사람들이 서로 서로를 단순히 수단으로서가 아닌 목적으로서 대우하는 사회이다. 그런 사회에서 각자는 이용당하고 조작되기보다는 서로를 충실히 존경하고 존중해야 한다. 좋은 사회는 서로를 공동체의 구성원으로서 인정하는 사회세계이다. 공동체 구성원은 단지 고용인, 상인, 소비자, 동료 시민으로서라기보다는 오히려 확대된 가족이다. 부버(Martin Buber)에 따르면, 좋은 사회는 도구적인 나와 그것 관계(I–It relations)의 중요한 역할과 불가피성을 인정한다손 치더라도 나와 너(I–Thou) 간의 진정한 관계를 발전시키는 것이다.[1]

좋은 사회를 특징짓는 여러 핵심 가치들은 직접 좋은 사회의 정의로부터 도출될 수 있다. 좋은 사회 입장에서 아동학대, 무분별한 이혼, 폭력범죄, 내전 및 외국과의 전쟁 등은 인

---

1 Martin Buber, *I and Thou*, trans. Walter Kaufmann (New York : Simon and Schuster, 1970). 자아에 대한 초점을 맞추는 다른 철학자들의 윤리사조와 다르게 부버는 주장한다. 예를 들어 "너는 다른 사람이 너에게 해주기를 바라는 바대로 다른 사람에게 행하라." 부버는 인간관계를 모든 부류들이 연합하여 일구는 것으로 믿고 있다. 따라서 그의 윤리는 좀 덜 자아중심적이다.

간을 목적으로서 대우하자는 제1의 원리를 위반하는 것이다. 그러므로 인간을 목적으로 대우하는 것은 평화에 대한 사랑이기도 하다. 공적인 이유가 아닌데도 개인의 자율성을 침해하는 일은 인간을 목적으로 대우하는 것과 양립할 수 없다. 이것은 자유권 행사의 궁극적인 토대이기도 하다.

우리가 인간을 단지 수단으로서가 아닌 목적으로서 대우해야 한다는 윤리적 교의는 결코 가볍게 받아들이지 말고 강력한 의무로 받아들여야 한다. 이런 주장이 가장 잘 실현될 수 있는 곳은 국가의 영역도 시장의 영역도 아닌 공동체 영역이다. 그러나 이러한 사회적 통찰이 잘 받아들여지지 않고 있다. 따라서 공동체를 훼손하는 일은 좋은 사회와는 거리가 멀다.

단일의 이데올로기는 국가 우위의 필요성을 주장하는 것과 같이 하나의 중요한 원리를 고수하고자 한다. 반대로 중도주의를 따르는 공동체주의의 접근은 두 개 또는 그 이상의 접근들을 잘 융합함으로써 부분적으로 양립 불가능한 원리들을 통합한다.

좋은 사회는 국가, 시장, 공동체를 잘 융합한다. 가장 좋은 발전방안이 정부를 문제 해결의 대상으로서가 아니라 좋은 사회의 파트너로서 간주해야 한다는 점을 많은 사람들은 이제 인식하고 있다. 마찬가지로 좋은 사회에서는 시장을 선이나 악의 원천으로서가 아니라 서로 보살피며 함께 일할 충분한 공간의 강력한 엔진으로서 간주한다.

정부와 사적 영역은 수단적 요구에 초점을 맞추는 경향이 있으며, 나와 그것의 관계를 조장한다. 그러나 공동체는 사회적 · 도덕적 요구에 초점을 맞추며, 나와 너의 관계를 선호한다. 그러므로 좋은 사회로의 전환은 이 세 가지 요인들(국가, 시장, 공동체)이 함께 작동하며 상호 견제해 준다는 것이다. 이런 관점에서 우리가 자유시장을 도입할 것이냐 말 것이냐 하는 문제는 우리가 큰 정부를 세울 것인가 말 것인가와 같은 문제이거나, 마르크스가 꿈꾸었던 시장도 정부도 없는 공동체를 세울 것인가 말 것인가와 같은 문제이다. 모든 것들이 필요하긴 하지만 각각이 원활히 작동할 경우에 그렇다는 것이다.

세 요소들이 역할과 의무는 다르지만 각각이 협력하고 포용하는 것이 좋은 사회를 위해 필수적이다. 각각의 요소는 다른 두 요소를 포용할 때 서로에게 가장 크고 좋은 도움을 줄 수 있다. 즉, 어느 것도 다른 두 요소에 의해 최고로 성취된 과업을 대신할 수 없다는 것을 똑바로 인식해야 한다. 좋은 사회의 핵심에는 시장, 정부, 공동체의 세 요소 간의 조화를 유지하는 것이다.

앞으로 나아갈 길

여기서 나는 연구 초기에 논의된 로드맵이 지나치게 까다롭고, 다소 애매모호하며, 충분히 명확하게 묘사되지 않았다는 점을 고백하지 않을 수 없다. 결과적으로 이 로드맵은 이러한 접근의 중요한 덕들 가운데 하나이다. 그 로드맵은 교의나 이데올로기가 아닌 올바른 방향으로의 발전에 초점을 맞추고 있다. 즉, 로드맵은 체제 안에 갇혀 있는 것이 아니다.

중도주의는 다소 부정적인 의미로 묘사되곤 했다. 중도주의는 국가사회주의를 추종하려 들지 않지만 자유시장의 신자유주의를 따르려 하지도 않는다. 좀더 간결하게 말해, 중도주의는 좌(왼)쪽으로나 우(오른)쪽으로 기울어지지(경도되지) 않는다. 이 책은 원리를 제공하고 공공 정책의 함의를 지향하는 공공 철학으로서 적극적이고 규범적인 특징을 지닌 중도주의적 방법을 제시하고자 한다. 무엇보다 중도주의자들은 중도주의자들의 제도와 행동방식을 도입함으로써 사람들의 변화를 모색한다.

단 하나의 중도주의적 접근이 있는가? 아니면 다양한 중도주의적 접근방식이 있는가? 비록 어떤 사회가 좌쪽으로 기울어져 있고(예를 들어 프랑스, 이탈리아), 또 다른 사회는 우쪽으로 기울어져 있다(예를 들어 미국) 하더라도 모두가 가야 할 길은 전체주의와 개인의 자유를 극대화하려는 접근과는 완전히 다를 것이다. 더욱이 여러 사회는 국가와 시장기능의 특수한 조합에 따라 다를지라도 서로 다소 수렴되는 특징을 나타내고 있다.

각각의 사회는 독특한 역사와 조건을 가지고 있고 각기 다른 출발선상에서 출발했다는 것을 감안한다면 각각의 사회가 국가와 시장 사이에 최적의 균형점을 찾기 위해 각기 다른 방향에서 노력한다는 것은 당연한 것이다. 대부분의 유럽 사회는 시장이 효율적으로 기능하기 위하여 국가의 기능을 좀 약화시킬 필요가 있다. 독일, 무엇보다도 프랑스는 아직도 큰 정부에 의존하고 있다. 미국의 경우 최근 들어 시장에 너무 큰 비중을 두고 있다는 점을 감안한다면 균형점을 지나쳤다고 볼 수 있다. 영국과 네덜란드는 균형점에 근접해 있다고 볼 수 있다. 돌이켜 보면 모든 나라들은 지금까지 잘 균형 잡힌 사회의 세 번째 요소인 공동체의 역할에 소홀해 왔음을 고백해야 할 것이다.

제2장

공동체의 의무

무시된 파트너

공동체는 나-너 관계에 기초한 목적적 가치를 고양하는 중요한 사회적 실체이지만 시장은 나-그것 관계에 기초한 수단적 가치의 영역이다. 국가-시민의 관계도 도구적 성향을 띠고 있다. 사실 일부 사람들은 직장에서 결속력을 지닐 수도 있고, 일부 사람들은 공동체에서도 거래를 하기도 한다. 목적적 가치에 기초한 관계가 형성되고 발전되는 중요한 곳은 바로 공동체이다. 그레이(John Gray)가 주장한 바와 같이 "개인들의 번영은 강력하고 심오한 공동체적 삶 속에서 가능하다"는 것

이다.[1]

공동체의 중요성을 강조하는 공동체주의자들은 공동체가 애매모호하고 이해하기 어려운 개념이라는 비판에 직면하게 된다. (계급, 엘리트, 심지어 합리성같이 널리 사용되는 개념조차도 분명히 정의내리기 어렵다는 점을 주목해야 할 것이다.) 나와 너의 관계를 강화해 주는 공동체는 두 가지 개념에 토대를 이루고 있다. 첫째로, 공동체는 사람들의 집단을 확대 가족을 닮은 사회적 집단으로 탈바꿈하는 감정적인 유대를 제공해 준다. 둘째로, 공동체는 시대의 변화에 따라 도덕적 틀을 끊임없이 재형성할 뿐만 아니라, 공유하고 있는 도덕적 문화를 후속 세대들에게 전달해 준다. 사실상 그룹 내의 정서적 결속과 공유하고 있는 도덕적 문화의 존재가 공동체를 규정하고 구별하는 속성이다.

만약 정부가 어떤 일을 잘 하지 못한다면 사적인 영역이 그것을 잘 해줄 수 있을 것이고, 만약 시장이 잘 작동하지 않으

[1] John Gray, *After Social Democracy*(London : Demos, 1996), 16. 샌들(Michael Sandel)이 진술한 바대로 철저히 독립적인 개인주의는 어느 귀속의 가능성도 배제한다. … 우리의 정체성을 포용하는 우리의 의식과 감정에 도달할 수 없다. Michael Sandel, *Liberalism and the Limits of Justice*, 2nd ed.(New York : Cambridge University Press, 1998), 62. 푸트남(Robert Putnam)도 다음의 그의 책에서 이러한 입장을 적극 지지하는 훨씬 더 많은 증거를 제시하고 있다. Robert Putnam, *Bowling Alone : The Collapse and Revival of American Community*(New York : Simon and Schuster, 2000).

면 정부가 그것을 잘 보완해 줄 것이라고 가정하는 것은 정부와 시장의 두 영역만이 존재한다고 믿는 사람에게 자연스런 현상이기도 하다. 사실상 최선의 사회적 서비스를 제공해 주고 문화센터로서의 역할을 수행하는 비영리 자원봉사단체나 공동체 조직들이 있을 수 있다는 것이다. 우리의 가장 훌륭한 대학, 병원, 박물관, 오케스트라, 사회봉사단체 등은 공공 (정부) 기구도 영리단체도 아닌 공동체이다.

제3의 영역인 공동체만이 오늘날 더 많은 역할과 사명을 맡게 될 것이다. 왜냐하면 공동체는 훨씬 더 적은 공공 경비로 그렇게 할 수 있으며, 국가나 시장 어느 것보다 더 큰 인간주의 정신으로 그런 일들은 해낼 수 있기 때문이다. 결과적으로 공동체는 예측 가능한 미래에서 그러한 서비스의 가장 중요한 새로운 원천일 수 있다. 왜냐하면 사회적 서비스를 위해 지불할 세금을 거둘 능력이 점점 더 고갈되어 가고 있고 전체 비용은 인플레이션보다 더 높은 비율로 증가될 것이기 때문이다.[2]

2 이렇게 된 이유는 사회적 서비스가 노동집약적이고 노동비용이 자본비용보다 더 가파르게 상승한다는 것이다. 왜냐하면 노동시장의 유연성이 자본의 이동과 흐름처럼 유연하고 세계화되지 않았기 때문이다. 한 나라의 노동자들이 다른 나라의 노동자들보다 더 높은 임금과 대우를 받고 유지할 능력을 갖는다. 이와 대조적으로 은행이나 그밖의 금융기관들은 다른 나라의 유사한 금융기관보다 훨씬 더 높은 금리를 부과할 수 없다. 예를 들어 미국이나 유럽의 은행들이 제공하는 이율의 차이는 미국과 유럽의 노동자들이 버는 수입의 차이와 비교할 때 새발의 피다.

공동체에 대한 비판가들은 공동체는 우리의 눈에서 사라졌다고 주장한다. 그러나 실제로 공동체는 우리의 대도시에서도 결코 사라지지 않고 있다. 다인종국가에서 공동체는 인종에 기초를 두고 있다.[3] 우리는 공동체를 대도시의 차이나타운, 리틀 하바나, 스페니쉬 할렘, 브루클린에 있는 유대인 사회 등에서 발견한다. 최근까지 공동체는 주로 거주민(지리적으로 한정된)을 중심으로 이루어졌지만 요즘은 꼭 그렇지만은 않다. 현대의 공동체는 전문직종(의사, 교수)의 구성원들 또는 종족 및 인종집단, 성적 성향을 공유하고 있는 사람들(게이나 레지비언들의 모임), 지식인들 사이에서 새롭게 진화하고 있다.

여기서 따르게 되고 다른 여러 용례에서 광범위하게 받아들여지는 공동체의 정의에 따르면 집단이나 조직은 저절로 공동체가 되는 것은 아니다. 경제적 · 정치적 이익을 공유하는 사람들의 집단은 안보를 위협하는 물질이나 암호화된 물품의 수출을 허용해 주고 농민들에게 보조금을 지급해 줄 것 등을 정부에게 요구하기도 한다. 이익과 결속에 기초하고 있는 집단은 공동체와는 다르다. 이익집단은 훨씬 더 제한된 범위를 가지고 있다. 이익집단은 공유의 가치들과 결속에 바탕을 둔 것이 아니라 단지 이익에 바탕을 둔 것이다. 그러한 단체를 이름

3 Alan Ehrenhalt, *The Lost City : The Forgotten Virtues of Community in America* (New York : Basic Books, 1996).

하여 이익집단(interest group)이라고 부른다. 공동체를 사회적 실체의 독특한 범주로 정립해 보도록 하자.

공동체주의자들은 공동체를 좋은 사회의 중요한 파트너로 삼으려는 노력을 줄기차게 해왔다. 공동체에 대한 비판가들은 공동체는 압제적이고 나쁠 수도 있다고 지적한다. 그러나 국가와 시장 또한 그럴 수 있다. 그들(비판가들)의 잠재적인 사고방식은 현실적 · 사회적 실체를 무결점의 비현실적 가상 이미지와 비교하려 드는 것이다. 공동체는 오늘날 현재 있는 그대로의 국가와 시장과 비교되어야 한다. 그런 비교는 이런 노력의 기초가 되는 결론을 도출하게 될 것이다. 국가, 시장, 공동체 모두는 나름대로 강점과 약점을 동시에 가지고 있다. 그들은 서로를 보완할 수 있다. 자유롭고 늘 경계심을 늦추지 않는 언론과 교양 있고 적극적인 공민들에 의해 끊임없이 담금질된다면 이 세 요소(정부, 시장, 공동체)는 개선되어질 수 있지만, 완벽하지 않음을 인정해야 할 것이다.

사회적 목적에 기여하고자 하는 공동체의 가장 위대한 능력은 공동체에서 살고 있는 사람들이 홀로 살아가는 사람들보다 더 오랫동안 건강하고 만족한 삶을 살고 있다는 증거에 의해 더욱 확실해진다. 공동체의 구성원들은 고립상태에서 살고 있는 사람들보다 훨씬 더 건강하게 살 가능성이 높다. 그리고 공동체 구성원들은 폭력단체나 종교적 우상에 빠질 가능성이 훨씬 적다.

많은 공동체들은 아주 효과적으로 책무를 이행한다. 공동체의 행위는 공적으로 적은 비용이 들어가고, 공동체는 수령인에게 맞춤형 서비스를 제공할 수 있다. 왜냐하면 공동체는 구성원들을 개별적으로 잘 알기 때문이다. 공동체는 보건 예방과 정확한 건강 보호를 제공하는 데 아주 중요한 역할을 담당한다. 그렇게 함으로써 아동 보호, 고충 상담, 전문적 마약 중독 및 알코올 중독 치료, 그리고 법률 서비스 등과 같이 다양한 공적 비용이 들어가는 사회적 서비스의 요구를 감소시키고 공동 분담한다.

이러한 모든 이유 때문에 현재 존재하는 공동체를 잘 발전시키고 잃어버린 공동체를 되살리는 것은 사회적 선에 근거한 미래의 비전에 필수적이며, 미래의 발전을 위한 최우선 과제가 되어야 한다.

상호 호혜성은 자원봉사제도를 훨씬 능가한다

좋은 사회는 자원봉사제도보다 상호 호혜성에 더 의존한다. 상호 호혜성은 단순히 가난한 사람을 단지 돕기보다는 상호 이익이 되는 방향으로 서로를 돕는 공동체 관계의 형태이다. 더 나아가 진보정책연구소(Progressive Policy Institute) 소장인 마샬(Will Marshall)이 강조했던 것처럼 상호 호혜성은 일 대 일의 관계뿐만 아니라 일 대 다수 또는 다수 대 일의 관계 모두에 적용될 수 있다. "가능한 한 공동체에 기여하는 시민들이 보상을 받고 공동체로부터 이익(혜택)을 얻은 사람은 언젠가는 되갚는 정책들이 고안되어야 한다"고 마샬은 주장했다.[4] 이웃들은 프로그램을 상호 감시해야 한다. 소비자–생산자 협동조합과 상호 구호단체도 바로 그러한 예이다.

호혜성의 유형들은 항상 존재해 왔다. 공동체 자원자에 의한 범죄예방 순찰활동이 상호 호혜성의 중요한 예이기도 하다. 가족, 친구, 이웃, 동업자, 자원봉사단체 구성원들은 상호 호혜성을 실천한다. 상호 호혜성은 부모 협의회를 통한 아동 보호의 중요한 원천이다. 거기에서 부모들은 주마다 단 몇 시간 정도만 봉사함으로써 공공 비용을 줄일 수 있고, 자연스럽고 독특한 방식으로 책임을 분담하게 된다. 또 다른 좋은 예는 병원에서 조기에 퇴원하거나 어린이, 친구, 다른 공동체 구성원들에 의해 도움을 받아야 할 환자들의 병간호이다. 가족과 친구들이 사랑하는 사람을 잃어 슬픔에 잠겨 있는 사람을 방문하는 경우도 상호 호혜성의 또 다른 예이다.

상호 협력집단(이상하게 종종 자조집단으로 불려진다)은 암, 전염병, 알코올 중독, 비만 등으로 고통받는 사람들을 돕는

4 Will Marshall, "The Rules of Reciprocity," *Blueprint* 3 (Spring 1999) : 39.

데 아주 중요한 역할을 수행한다. 상호 협력집단 또는 상조회는 광범위한 새로운 공동체의 자원이다. 앞으로 질병 통제와 예방센터(the Center for Disease Control and Prevention)는 상조회를 중요시하고 그 상조회에 사회적 자원을 제공해 주어야 할 뿐만 아니라, 그런 상조회의 가치를 극대화하기 위한 노력을 경주해야 한다.

상호 호혜성이 대규모로 이루어지길 기대한다면 각료(장관급) 수준의 공동체 개발부(Community Development Agency)가 설치되어야 한다. 그럴 수 없다면 그러한 일을 담당하는 부서가 주택 · 도시개발부(Housing and Urban Development)나 보건복지부(the Health and Human Service Agencies) 내에 설치되어야 한다. 그러나 가장 효율적인 방안은 백악관의 국내 담당 부서 내에 그런 기구를 설치하는 것이다. 상호 호혜성을 진작시키기 위해 어느 기관을 설치하든 간에 상호 협력집단 사회(봉사단체)를 어느 정도까지 지원해 줄 것인가, 또는 이런 집단의 자생적 능력을 약화시키지 않기 위해 어느 정도까지만 지원해 줄 것인가에 대한 적정한 균형점을 추구하려는 노력을 해야 한다.

상호 호혜성은 서비스의 경제적 교환에 기초한 것처럼 다루어질 때 평가절하된다. 진실한 상호 호혜성은 무제한의 도덕적 실천수행에 기반을 두어야 한다. 상호 관계에서 자신의 요구가 생겨날 때 다른 사람들이 자신의 순서를 대충 정해줄 것이라는 일반적인 기대를 갖고 있지만 늘 일관성을 유지하기가 어렵다. 재화와 서비스의 상호 교환인 것처럼 상호 호혜성을 조직하려 시도하는 공공 정책이나 제도는 도덕적 토대를 약화시킬 수 있다. 그런 정책은 시간 은행(time banks)일 수 있다. 그 경우에 아기를 돌보아 주는 시간이 기록될 것이고, 자원봉사한 똑같은 시간을 나중에 되돌려 받기를 기대하게 된다. 비슷한 예로 헌 옷 교환 프로그램에서 자신이 가져온 옷의 양은 자신이 되돌려 받을 옷의 양을 결정한다고 본다. 훨씬 자율적이고(구속되어 있지 않은) 더 비공식적인 제도들이 더 좋다. 왜냐하면 그런 제도들이 공동체 관계와 양립할 수 있는 것이며, 시장과 같은 맛이 나지 않기 때문이다.

그렇다고 하여 자원봉사제도가 공동체 건설, 시민정신, 민주정부 등에 중요하지 않다는 것이 아니다. 자원봉사의 역할이 상세히 설명되었다는 것을 감안할 때 자원봉사의 중요성에 대해 재론의 여지가 없다고 본다. 그렇지만 가능하면 자원봉사 정신은 봉사학습으로서 가장 잘 실천되어질 수 있음을 명심해야 한다. 봉사학습은 자원봉사 정신의 한 유형이다. 봉사학습에서 봉사하는 사람은 마치 그들이 인류에 대한 신의 은사(恩賜)인 것처럼 행동하지 않는다. 대신 그들은 자신의 봉사경험으로부터 사회적 · 교육적으로 덕을 본다고 생각한다. 비록 모든 형태의 자원봉사제도는 순수히 수단에 기초한 관계를 선호한다 할지라도 이런 형태의 봉사는 사람을 목적으로서 다루는 이념과 일맥상통하는 것이다.

가까운 미래에 더욱 더 많은 여성들이 돈벌이를 위해 취업하게 됨에 따라 상호 협력(호혜성)과 자원봉사를 누가 제공할 것인가의 문제가 생겨난다. 새로운 봉사의 자원은 급속히 증가하는 노년층이 되어야 할 것이다. 현재의 노년층들은 앞선 세대보다 더 오래 건강하게 살아간다. 그밖에도 노년층은 더 많은 비율의 사회적 자원을 소비하게 되며, 친사회적 역할에 적극적으로 참여함으로써 이득을 얻게 될 것이다. 구성원들 중 노년층(senior)의 사회에 대한 기여 없이 사회는 사회적 과제를 제대로 이행할 수 없다. 시민 봉사 프로그램(Civic Ventures)은 노년층을 포함하는 희망적인 프로젝트를 운영하는 여러 조직들 중 하나이다. 그들 중 하나는 300,000명의 노인들이 가입되어 있는 것으로 알려졌다.[5] 이런 경향에는 아주 중요한 시민적 가치가 담겨져 있다.

의료인들이나 그밖의 전문가 집단들도 자신의 지식과 기술을 사회에 환원하려는 노력을 기울여야 한다. 의대 수학 기간 동안 수업료와 기숙사 비용을 지불한 의사들의 경우도 그들의 교육비의 한 부분만을 지불했을 뿐이라는 사실을 유념해야 할 것이다. 미 의회는 국가 건강 서비스 단체(National Health Service Corp)를 창설했다. 그 단체는 의대생들이 졸업 후 2-4년

5 Marc Freedman, *Prime Time : How Baby Boomers Will Revolutionize Retirement and Transform America*(New York : Public Affairs, 1999).

동안 의료 서비스가 충분치 못한 도시 · 농촌지역에서 근무하는 조건으로 그들의 교육비를 지원했다. 첫 20년 동안 수혜자의 90% 이상이 그들의 약속을 충실히 이행했다. 2000년까지 20,000명 이상의 1차 진료의사들이 그 프로그램에 참가했다. 불행히도 그 단체는 레이건 대통령 재직시에 실제로 해체되었다.[6] 그것은 가능한 한 빨리 재건되어야 한다. 그리고 국가와 사회로부터 혜택을 본 교육자들뿐만 아니라 다른 의료 전문가들도 포함되어야 한다.

공동체의 모든 구성원들이 그들이 속해 있는 공동체뿐만 아니라 타공동체의 공익을 위해 노력해야 하겠지만, 우선은 그들 자신의 공동체를 위해 자신의 능력과 가진 것의 일부를 제공할 수 있도록 구성원 모두에게 적극 권장되어야 한다. 공동체는 또한 국가에 의해 부과된 것 이외에 요금, 수수료, 기부금 등을 자유롭게 부과할 수 있어야 한다. 학부모들은 도시나 주에 있는 모든 학교에 익명의 기금을 출연하기보다는 자신의 자녀가 다니는 학교에 기부금을 내는 노력을 기울여야 한다. 윤리적으로 자신과 밀접하게 관련을 맺고 있는 사람들에게 하는 것과 똑같이 모든 사람들에게 할 것을 기대하는 것은 너무

[6] The National Health Service Corps, "Twenty-Five Years and Beyond"는 http://www.bphc.hrsa.dhhs.gov/nhsc/Pages/25_beyond/beyond_intro.htm 웹사이트에서 2000년 5월 17일에 검색된 것이다. Dolores Kong, "US Hopes to Revitalize National Health Service Corps," *Boston Globe*, 19 April 1993, 49.

무리한 도덕적 영웅주의를 요구하는 것이기도 하다. 보편적인 것 또는 불특정 다수의 모든 이들에게 제공되는 것으로 기여나 기부를 한정시키는 것은 공동체를 필수적이고 본질적인 사회적 실체로 바라보려는 사회와는 양립할 수 없다.

동시에 앞으로 더 풍요로운 공동체로 하여금 그렇지 못한 공동체를 보살피고 지원해 줄 수 있도록 적극 노력해야 한다. 사람들로 하여금 그들의 모든 기부를 한 곳에 집중되지 않도록 하는 것과 그들의 풍요로움을 빈곤상태에 있는 공동체와 공유하도록 요구하는 것 사이에 큰 모순이 없다. 현재 공동체 대 공동체(공동체 간 상호 교류) 프로그램이 거의 없다는 것을 감안해 볼 때, 공동체 간의 상호 협력의 형태를 발전시켜 나가는 일은 사회사상가나 사회정책을 개발하는 사람 모두의 중요한 과제이다.

많은 자매 도시와 같은 프로그램이 자원봉사제와 동일한 한계점으로 어려움을 겪고 있다는 점을 인정해야 한다. 공동체가 신속한 수송체계로부터 국제적 경찰 공조, 고속도로나 교량 건설부터 공항의 공동 이용에 이르기까지 상호 협정의 체결을 지원하는 지역적 프로그램들은 밀접한 상호 협력을 요구한다. 이러한 공유협정(양해각서)은 효율성을 증대시키고 상호 이익을 가져다 주는 것으로 큰 호응을 받는다. 사회가 점점 밀접하게 네트워크화됨으로써 실로 많은 일들이 지역적 협조체제를 구축하지 않고서는 실제로 불가능하다. 그러나 그것들은 항상 그런 것은 아니지만 다소 간접적인 유형의 자원 재분배를 통해 이루어질 수 있다. (보다 풍요한 공동체는 다른 그렇지 않은 공동체보다 비용의 더 큰 몫을 부담하기 때문에 이런 사례에 해당한다. 그리고 최소한도 어떤 경우에 더 적은 기여를 한 공동체는 생산된 결과의 훨씬 작은 몫만을 얻게 된다.) 권고, 설득, 관계 당사자들의 지역적 논의의 활성화 등이 더 큰 지역적 협력을 촉진시키기에 역부족일 경우에 국가나 연방 정부가 보조금을 통해 효과적인 프로그램을 제공할 수 있다.

친공동체적 공공 정책

새 정부는 공동체에 영향을 미치는 현존하는 공공 정책들과 절차들에 대한 특별한 검토를 착수하는 것이 좋을 것이다. 현재의 공동체들이 부지불식간에 손상되지 않도록 하고, 이런 정책들과 절차들이 지역적 · 사회적 차원에서 공동체 개발에 적합하도록 새 정부는 책임감을 가지고 노력해야 한다. 예를 들어 공동체가 공적 자금이 어떻게 사용되는지에 대한 결정에 더 많이 관여할수록 사회적 효용과 혜택이 더 커진다. 한 예로 시민들이 공원 개방 시간을 정할 수도 있고 공원을 어떤 목적으로 누가 사용할 것인지를 결정할 수도 있다. 공공 시설에 대한 관리 책임을 공동체가 떠맡는 것도 구성원들 사이에 결속을 증진시킬 수 있다. 그리고 시민들은 어느 거리를 보행자 전용 구역으로 바꿀 것인지를 계획할 수도 있다. 공동체의 구성원들에게 공공 시설을 관리 · 유지할 책임을 지우면 그 구성원들 사이에 결속력이 훨씬 견고해진다.

때때로 주고 받는 어려운 과정일 수 있지만, 공동체의 구성원들이 우선순위를 정해야 한다는 사실은 이러한 접근의 단점이 아니라 장점으로 작용한다. 이러한 면에서 공적 자금은 공동체로 하여금 공민으로서의 체질을 만들고 강화시키도록 해준다.

사회적 모임(공동체 만남의 학교 개최, 거리축제 개최)을 활성화함으로써 공동체의 부활을 증진시킬 수 있다. 임시 조직자들은 여러 사회적 집단의 형성을 착수하는 임무를 부과받게 된다. 그리고 공동체의 구성원들이 자신들의 우선사항을 성취하고자 한다는 사실은 주고받는 어려운 과정일 수 있다는 점에서 이 접근의 단점이 아니라 장점이다. 공동체의 부활은 물리적 조건, 안전, 공적 공간에 접근 등의 개선으로 가능해질 수 있다.[7]

7 주목을 끄는 예로 다음의 책을 참고하라. Thomas J. Sergiovanni, *Building Community in Schools*(San Francisco : Jossey Bass, 1994); Daniel J. Brown, *Schools with Heart : Voluntarism and Public Education*(Boulder, Colo. : West-

공동체를 활성화시키려는 노력들은 공동체의 경계들이 종종 정부의 경계선과 일치하지 않을 수도 있음을 설명해 주어야 한다. 가능하면 그러한 정책들은 공동체로 하여금 행정적인 지리경계에 맞도록 미리 조절하도록 하기보다는 오히려 공동체의 경계선에 맞춰지도록 해야 한다. 만약 중앙 정부나 연방정부가 단지 지방(주) 정부 책임자 대신에 지방 공동체 그룹과 직접 일을 한다면 이것은 더 쉽게 이뤄질 수 있다.

최근 몇 년에 걸쳐 지방으로의 권력 이양이 많이 이루어졌다. 지방으로의 권력 이양은 종종 중앙(연방) 정부로부터 지방(주) 정부로의 임무와 재정의 전환을 의미한다. 그렇게 함으로써 국민과 더 친밀한 정부를 세울 수 있는 것이다. 그러나 많은 주에서 대다수의 국민들은 주도(州都)와 주 정부에 특별히 친근하게 느끼지 못한다. 예를 들어 많은 뉴욕 사람들은 올버니(미국 뉴욕의 주도)에 특별히 친숙하게 느끼지 않는다. 로스앤젤레스나 샌프란시스코 시민들도 그들이 안고 있는 문제를 해결하기 위해 새크라멘토(미국 캘리포니아 주도)에 관심을 가지고 있지 않는다.

권리의 이양이 아래로 더 많이 이루어질수록 시민들은 스스로 통치하고 참여할 기회를 갖게 된다. 사람들이 더욱 더

view Press, 1998); Carolyn Denham and Amitai Etzioni, *Community Schools* (Washington, D.C. : The Communitarian Network, 1997).

정치적으로 관여하면 할수록 시민의 기능들은 더 효과적이 되고 공동체의 효율성은 더 커진다.[8]

공동체에 대한 의존이 크면 클수록 정책 입안자들은 공동체가 지리적 공간과 이웃 주민들 사이에서만 형성되는 것이 아니다라는 점을 가장 잘 고려했다. 공동체는 제도(예를 들어 대학교)와 전문가 · 동호인들(예를 들어 항만 노동자들) 사이에서 형성될 수 있다. 공동체는 종종 인종에 기반을 둘 수 있고, 사이버 공간(가상 공동체)에서 형성될 수도 있다.[9] 이미 사회적 결속력을 가지고 있는 공동체들이 온라인상의 교류가 뒷받침될 때, 그 공동체의 결속력이 종종 강화될 수도 있다.[10]

비록 공동체는 지리적으로 동일한 공간을 점유할 필요는 없지만 아직 많은 공동체는 지리적 공간을 점유하고 있다. 번영하는 공동체는 또한 학교, 법원, 우체국과 같은 핵심적인 제도나 기관과 함께 한다. 그러므로 원리상 그러한 제도(기관)를 폐쇄시키는 것은 여기서 지지받고 있는 접근에 해를 끼치게

8 Harry C. Boyte, *Commonwealth : A Return to Citizen Politics*(New York : Free Press, 1989).

9 Amitai Etzioni and Oren Etzioni, "Face-to-Face and Computer-Mediated Communities : A Comparative Analysis," *The Information Society* 15, no. 4 (October/December 1999) : 241-248.

10 Andrew Michael Cohill and Andrea Lee Kavanaugh, eds., *Community Networks : Lessons from Blacksburg Virginia*(Boston : Artech House Publishers, 1997).

된다. 어느 지역의 인구가 급감하게 되는 조건 하에서 경제적 · 행정적 효율성의 고려를 따를 수밖에 없음도 이해해야 한다. 그 경우에 여러 기관을 합병하거나 통합하는 것도 감수해야 할 것이다. 그러나 효율성에 대한 그러한 고려만이 유일하게 타당한 것으로 결코 생각하지 말아야 한다. 달리 말하면, 공동체주의적 중도사회는 핵심적인 제도나 기관이 폐쇄될 때 공동체의 손실로부터 생겨난 인간적 · 사회적 비용을 설명함으로써 사회적 효율성에 무게를 둔다. 경제적 · 행정적 절약이 사회적 비용을 압도할 때만이 공동체의 근간인 핵심 제도나 기관들이 폐쇄되어야 한다.

도시계획에 따라 점점 커지는 학교는 새로운 시설의 확충을 추진하고 더 많은 공동체를 더 친숙하게 만드는 경향이 있다. 그런 지도자들 사이에는 듀아니(Andres Duany), 플레이터지버크(Elizabeth Plater−Zyberk), 스펙(Jeff Speck) 등이 있다.[11] 이런 학교에 따르면 미래의 도시계획, 학교, 도로, 지역사회 등의 건설은 공동체의 강화를 제일 먼저 고려해야 한다. 그렇게 하기 위한 수많은 방안들 중에는 도로에 인접한 베란다가 있고 자동차의 통행을 막지만 보행자들의 통행을 허락하는 대문을 가진

11 Andres Duany, Elizabeth Plater−Zyberk, and Jeff Speck, *Suburban Nation : The Rise of Sprawl and the Decline of the American Dream*(New York : North Point Press, 2000).

넓은 인도를 만드는 것이 있다. 공동체에 친숙한 디자인 기술은 우리가 레스톤(Reston), 버지니아(Virginia), 콜롬비아(Columbia), 메릴랜드(Maryland), 셀래브레이션(Celebration), 플로리다(Florida) 같은 곳에서 배웠던 것처럼 아직도 더 보완할 필요가 있음을 알아야 한다. 종종 그 결과는 관련된 공동체의 설계자나 구성원들의 마음 속에 있는 것과 같지 않을 수도 있으며, 공동체를 충실히 지지하지 않을 수도 있다는 것이다. 가장 중요하게는 새로운 공동체를 적극적으로 세우려 시도하는 공동체 설계도 오히려 완만하게 우리의 사회적 조건에만 영향을 미칠 뿐이라는 것이다. 그러므로 현존하는 공동체를 잘 지지해 줄 수 있는 설계에 훨씬 더 중요한 관심을 보여야 한다.

최근 몇 년 동안 신념(신앙)에 기초한 집단(faith-based groups)이 공동체 건설에 많은 역할을 해왔다. 특별히 반사회적 행동을 억제하고 사회봉사를 하는 데 신념이나 신앙에 기초한 집단이 중요한 역할을 했다. 이에 대한 하나의 증거 사례를 제시해 보고자 한다 : 크리스천 그룹에 의해 운영되었던 죄수 프로그램(Inner Change Freedom Initiative) 연구에 의하면, 그 프로그램에서 훈련받고 석방된 120명을 추적한 결과 단 15명만이 재수감된 반면, 동일한 주(텍사스)의 다른 프로그램에 등록되어 훈련받은 죄수들 중 50%가 재수감되었다.[12]

12 "With Help from a Hidden Hand," *The Economist*, 12 February 2000, 28.

종종 '자비로운 선택(Charitable Choice)'으로 언급되기도 하는 공동체 서비스에서 신념에 기초한 집단의 강화에 대한 중요한 옹호자들은 고어(Al Gore), 부시(George W. Bush)뿐만 아니라 상원의원 코우츠(Dan Coats), 애쉬크라프트(John Ashcroft) 그리고 인디애나 폴리스의 전 시장인 골드스미스(Steve Goldsmith) 등이다.[13] 고어는 신념에 기초한 집단(faith-based group)을 공허한 세속주의와 우파적 종교 사이의 중간지대로 묘사했고,[14] 부시는 신념의 집단을 악의 돌을 깎아내는 선이며 악을 씻어 내리는 조용한 강물로 묘사했다.[15]

'자비로운 선택'이 1996년 미 의회에서 입법화되기 이전에도 수많은 종교집단의 사회봉사에 대한 예산 지원의 중요한 몫은 직·간접적으로 공적 자금에서 할당되었다. 종종 종교기관에 공적 자금의 할당을 금하는 것으로 해석되는 헌법 수정조항 제1조의 종교와 국가의 분리는 국민 개인 때문에 지불된 것이 결과적으로 종교기관에 지불된 경우 기꺼이 예외로 인정

13 Joe Frolik, "Using Faith to Find Solutions to Poverty," *Indianapolis Plain Dealer*, 28 November 1999, 1A ; Dan Coats, "When Redistribution and Economic Growth Fail," *The Responsive Community* 6, no. 1 (Winter 1995/1996) : 4; Stephen Goldsmith, *The Twenty-First Century City : Resurrecting Urban America* (Washington, D.C. : Regnery Publishing, Inc., 1997).

14 "With Help from a Hidden Hand," 28.

15 Ibid.

된다. 예를 들어 고령자 · 장애자 의료보험(Medicare)이나 저소득층 의료보험(Medicaid) 환자들을 성심껏 돌보는 종교집단에 의하여 운영되는 병원, 호스피스, 요양소 등은 이런 서비스를 제공한 것에 대해 정부에 의해 경제적 지원을 받는다. 똑같은 이유로 정부는 연구 용역을 맡은 종교집단에 의해 세워진 대학교에 경제적 지원을 할 수 있다. 그런 지원비용은 연구비 전액뿐만 아니라 이 기관의 그밖의 다른 경비 전부를 포함할 수도 있다.

신념(신앙)에 기초한 집단에 더 많이 의존하고 정부나 사적 영역에 덜 의존하는 것은 공동체주의적 사고방식과 일맥상통하는 것이다. 그러나 더 많은 과업과 자금이 신념(신앙)에 기초한 집단으로 전가된다면 이것이 초래할 두 가지 위험성에 주의를 기울여야 한다. 첫째로, 대규모의 사회 프로그램에 신앙에 기초한 집단들을 등록시키는 것은 물론, 이 프로그램에 등록된 사람을 대상으로 한 개종에는 엄격한 제한을 둔다 하더라도 그 집단의 지도력, 스텝들, 에너지 등이 이 프로그램 운영 과정에서 고갈됨에 따라 그들이 본래의 속성과 사명을 훼손시킬 수 있다는 것이다. 둘째로, 이에 대한 비판가들은 공적 자금이 사적인 집단에 의해 대규모로 쓰여졌을 때 불가피하게 생겨날 수밖에 없는 여러 책임문제가 발생할 수도 있다는 것이다.

유독 신앙에 기초한 집단들이 종파적 연방 정부에 의해 출연된 프로그램에 등록된 사람을 신앙에 관여하지 않고 개종하지 않도록 요구하는 입법의 정신을 고수하지 않는 분명한 이유가 있다. 결국 이런 조치를 취하게 된 것은 집단이나 조직들에 대한 국가적 이유이며 공익상의 이유가 있기 때문이다.[16]

간단히 말해 만약 과도한 책무가 자선단체에 부과된다면 그 자선단체는 그 효과도 반감될 뿐만 아니라 대중적 지지도 잃게 될 것이다. 따라서 신념(신앙)에 기초한 집단들은 공동체주의적 방식에 중요한 부분을 담당할 수 있으나, 그것들이 사회의 근간이라기보다는 오히려 여러 사회적 사명을 수행하는 것들 중의 하나로 존재할 때 그 의의를 찾을 수 있다. 따라서 가장 좋은 방법에 매진해야 한다.

공동체의 안전을 증진시키는 일

공동체를 유지하고 혁신하려는 정책들은 공동체가 개인들의 사생활에서보다는 오히려 공공의 영역에서 형성되고 강화된다는 사실을 설명할 수 있어야 한다. 공공의 영역이 불

16 Amy Sherman, *The Growing Impact of Charitable Choice : A Catalogue of New Collaborations Between Government and Faith–Based Organizations in Nine States* (Annapolis, Md. : The Center for Public Justice, March 2000).

안전하고 고갈되는 정도에 따라 공동체는 약화된다. 그러므로 공동체는 공공의 놀이공간, 인도, 보행자 도로, 공원, 대광장 등을 마련해야 한다.

공공의 안전과 공동체 복지는 단지 거리에서 교통 단속을 훨씬 뛰어넘는 건강하고 튼튼한 공동체의 치안으로부터 보장될 수 있는 것이다. 공동체는 경찰 업무의 우선순위를 정하고 경찰관 활동을 감시하는 일에 관여할 필요가 있다. 경찰관은 갈등을 해결하고 삶의 질을 보호하는 일을 수행해야 한다.[17] 공동체의 자율적인 경찰제도는 공동체를 건설하는 것과 함께 공동체로 하여금 국가와 사회 사이의 간극을 메울 수 있도록 하는 가장 좋은 접근법이다.[18] 공공의 경비를 절감하는 것이 공동체의 자율적 경찰을 유지함으로써 거둘 수 있는 부수적 효과이기도 하다.

놀이터나 거리와 같은 공공 장소에서 어린이를 더 잘 보호하기 위해서 지방 관청은 소아를 대상으로 하는 성도착 범

17 더 진전된 토론을 위해서는 다음을 참조하라. Brian Forst, "Police in the Community, Community in the Police," *The Responsive Community* 3, no. 3 (Summer 1993) : 57–62.

18 Caroline G. Nicholl, *Community Policing, Community Justice, and Restorative Justice : Exploring the Links for the Delivery of a Balanced Approach to Public Safety*(Washington, D.C. : U.S. Department of Justice, Office of Community Oriented Policing Services, 1999).

인이 감옥에서 석방된 후에 그가 어느 공동체로 이사가더라도 그 구성원들에게 범인의 존재를 알려주어야 한다. [그런 형태의 고지의무는 50개 주에서 존재하는 메간 법안(Magan's Laws)에 의해 요구된다.] 그러한 고지는 불가피하다. 왜냐하면 성도착증은 치료하기 매우 어려우며, 재범의 가능성이 아주 높은 것으로 알려지고 있기 때문이다. 동시에 공동체는 이런 범인들을 괴롭히지 않도록 주의해야 한다. 워싱턴 주처럼 공교육에서 이 범행의 결과에 대해 다루어야 한다.[19]

전과자들을 공동체의 일원으로 재결합시키려는 방법을 찾는 것도 공공 정책의 한 부분이기도 하다. 예를 들어 사회에 대한 자신의 의무를 다하고 10년 동안 재범을 저지르지 않고 합법적으로 살아온 범인들은 그들의 권리를 완전히 회복시켜 주어야 하며, 전과기록도 말소시켜 주어야 한다. 형을 선고하기 전에 유죄로 선고될 때만이 그 기록을 열람될 수 있도록 해야 할 것이다. 이러한 측면에서 좋은 사회는 잘못에 대한 회개를 유도하고 전과자들을 공동체의 구성원으로 완전히 합류할 수 있도록 노력한다.[20]

---

19 Amitai Etzioni, "Sex Offenders' Privacy Versus Children's Safety : Megan's Laws and the Alternatives," in his *The Limits of Privacy*(New York : Basic Books, 1999), 43–74.

20 Amitai Etzioni and David E. Carney, eds., *Repentance*(Lanham, Md. : Rowman and Littlefield Publishers, Inc., 1997).

비폭력적 초범들에 대한 갱생원도 동일한 목적에 이바지해야 한다. 이곳에서는 공동체 내 제3자의 입회 하에 그 희생자와 대면할 것을 요구한다. 그 과정에서 그 희생자들의 입장을 생각해 보도록 함으로써 범법자들은 희생자들의 고통을 알고 스스로 회개하고 스스로 고쳐나간다. 그 목적은 처벌과 갱생을 혼합한 것이고, 그 범인들을 공동체의 구성원으로서 합류시키도록 하기 위해 그 피해자가 가해자를 용서하고 화해하는 일이기도 하다.[21]

훨씬 더 많은 일들이 이 분야에서 행해질 수 있다. 앞의 예들은 그러한 프로그램들의 전반적인 목록을 제시했다기보다는 공동체 형성에 대한 공동체주의적 접근을 기술한 것이다.

21 Todd R. Clear and David R. Karp, *The Community Justice Ideal*(Boulder, Colo. : Westview Press, 1999).

제3장

유연한 도덕적 문화를 위하여

1950년대에 미국 사회는 강력하고 명료한 사회적 가치를 지니고 있었다. 그러나 이것들은 다소 권위주의적이고, 여성들에게 불공평했으며, 소수민족이나 인종에게 차별적이었다. 이런 가치들은 시민권 운동, 반문화 운동, 여권신장 운동 등에 의해 크게 공격을 받았다. 비록 이러한 운동은 미국 사회의 부정적인 관행에 눈을 뜨게 해주었지만 도덕적 공백을 초래했으며, 이로 인해 도덕적 상대주의, 상황윤리, 과도한 개인주의 등이 횡행하게 되었다.[1] 자유주의자들은 빈 공간을 메우는 조

[1] Robert Bellah, Richard Madsen, William M. Sullivan, Ann Swidler, and Steven M. Tipton, *Habits of the Heart : Individualism and Commitment in American*

치에 주저했고, 새로운 도덕적 문화를 발전시키는 데 노력을 기울이지 않았다.[2] 반면에 사회 보수주의자들, 특히 종교적 우파는 전통적인 도덕성으로의 복귀를 국가의 구원(해방)으로 간주하였다. 그리고 사회 보수주의자들은 좋은 행동의 강화를 국가에 지나치게 의존하고자 하였다. 따라서 그들은 이혼을 금지시키기를 바라고, 공립학교에서 기도를 명하고, 게이들과 여성들의 새로운 위상을 과거로 되돌리고, 낙태를 금하고, 창조설을 가르칠 것을 요구하기도 한다.

증대하는 미국의 중심부는 이러한 초보수주의적이고 신권정치적 입장에 점점 불편함을 느끼게 되었다. 1990년대 동안 종교적 우파는 정치적 영향력을 크게 상실했다. 종교적 우파가 채우고자 했던 도덕적 공백은 계속해서 우리를 괴롭혀 왔다. 이에 대해 새로운 공동체주의적 사상가들은 위계적 명령에 따르기보다는 도덕적 이해를 통해 도덕적 문제에 대한 다양한 접근을 추구하고 있다. 이러한 접근은 강제적인 법집행을 통해서라기보다는 자신의 사고방식의 변화에 역점을 둔다. 좀더 단순하게 이야기하자면, 우리는 우파나 사회 보수주의자들이 제기했던 문제를 더 이상 내팽개치지 않고 그들이 시도했던 방식

Life(Berkeley and Los Angeles : University of California Press, 1985).

2 Alan Wolfe, *One Nation, After All*(New York : Penguin, 1998), and "The Pursuit of Autonomy," *New York Times Magazine* 7 May 2000, 53.

과는 다른 방식으로 그 문제에 대처하고자 한다.

1920년대와 1990년대 미국 사회가 어떤 문제에 열정을 가지고 대처했던 각기 다른 방식은 사회 보수주의적 접근과 공동체주의적 접근 사이의 심오한 차이점을 잘 묘사해 주고 있다. 1920년대 미국에서 여러 금지사항이 그 결정과정에서 구성원들이 거의 참여하지 않고 위로부터 아래로 부과되었다. 그것은 참으로 끔찍한 일이었다. 1990년대 들어 공공 시설에서 금연은 광범위한 시민들의 합의를 통해 이루어진 것이므로 완전한 성공을 거둘 수 있게 되었다. 공동체주의는 유연한 도덕성과 같이 대화와 설득에 기초한 도덕적 문화에 의존하여야 한다. 공동체의 요소들은 나와 너의 관계를 촉진하고 중요한 사회적 사명을 완수하는 데 중요한 역할을 담당한다. 도덕성의 속성이 부드럽다는 것이 아니라 그 속성을 고양하는 방식이 부드럽다는 것이다.

도덕적 문화의 영향력

우리가 공동체의 현재와 미래의 중요성을 고려할 때, 우리는 종종 도덕적 문화를 형성하고 육성하는 데 있어서 공동체의 역할보다는 오히려 공동체가 제공하는 상호 간의 결속과 호혜성에 초점을 맞추는 경향이 있다. 그러나 공동체의 두 요소(도덕적 문화와 상호 간의 결속과 협력)는 나와 너의 관계를 강화하고 중요한 사회적 사명을 완수하는 데 중요한 역할을 한다. 진실한 공동체 결속은 다른 사람들과 정서적 관계 형성을 위한 심오한 인간 요구를 만족시켜 주는 중요한 원천이다. 그러나 그 이외에도 공동체의 도덕적 문화는 사회질서를 유지시켜 준다. 공동체의 도덕적 문화 없는 좋은 사회는 상상할 수도 없으며, 도덕적 문화가 형성되면 좋은 사회는 최소의 국가 개입으로도 가능해진다.

좋은 사회는 사회적 혐오도 고려해야 하며, 그것들(환경파괴, 폭력, 아동학대와 무시)을 억제시킬 수 있어야 한다. 그런 반사회적 행동(범죄)을 억제시키도록 도와주는 것 역시 공동체의 도덕적 문화이다. 칭찬과 비난 같은 민감하고 비공식적인 사회적 규제과정을 도출할 수 있는 공동체의 능력은 국가의 강제력에 의존하기보다는 인간을 목적으로 간주하는 사회에서 훨씬 더 적합하다.

여러 연구를 통해 약물남용 예방, 환경파괴의 방지, 반사회적 활동의 금지 등과 같은 일에 비공식적인 사회적 규제과정은 중요한 역할을 담당하고 있음을 밝히고 있다.[3] 공동체

---

3 Robert Sampson, "Neighborhoods and Violent Crime : A Multilevel Study of Collective Efficacy," *Science* 277 (14 August 1997) : 918–924.

는 또한 자신의 어린이와 나이든 부모를 잘 보살피고, 세금을 잘 납부하고, 자원봉사하는 것 등과 같은 선한 행동을 촉진할 수 있다.

공동체적 삶의 덕을 지지하는 아주 좋은 예는 종교 공동체에서 찾아볼 수 있다. 실제로 모든 종류의 반사회적 행동은 뉴욕의 정통 유대인 공동체, 흑인 무슬림 집단, 유타(Utah)주의 몰몬 공동체에서 상대적으로 낮게 나타난다. 반사회적 행동은 대도시보다 평균적으로 작은 도시나 마을에서 더 적게 나타난다. 대도시에서 공동체는 그렇게 활성화되지 못한다.

공동체에 살고 있는 사람들은 공동체와 거리를 두고 살아가는 사람들보다 더 오래, 건강하게 만족한 삶을 산다는 사실에서 공동체의 가치는 그만큼 중요해짐을 알 수 있다. 공동체 구성원들은 고립상태에서 나 홀로 살고 있는 사람들보다 현격히 적은 정신적 질병과 정신건강 문제를 안고 있을 가능성이 있다. 사회적 고립과 홀로 살기를 좋아하는 사람들은 여러 측면에서 신체적 · 정신적 고통을 가지고 살아가고 있음을 여러 연구에서 밝히고 있다. 예를 들어 사회적으로 고립된 사람들은 대규모 사회적 연계망을 가지고 살아가는 사람들보다 심장과 혈관계통의 질병으로 죽을 가능성이 두 배나 높은 것으로 연구자들은 결론내리고 있다.[4] 심장과 혈관계통의 질병이 재발할 가능

4 Allen M. Fremont and Chloe E. Bird, "Integrating Sociological and Biological

성도 낮은 사회적 유대 속에서 훨씬 높아진다.

사회적 고립이 정신건강에 위험하다는 사실은 남극에 있는 미국 기지를 설치하는 최초의 과업을 수행했던 1955년에 크게 관심을 받았다.[5] 그곳에서 오랜 고립상태는 편집적인 정신병을 유발한다는 사실이 드러났다. 실제로 수많은 연구를 통해 고립된 삶은 여러 정신적인 건강의 위험을 증대시킨다는 것이 밝혀졌다.[6] 뉴욕의 고층 아파트에 살고 있는 거주자들의 정신건강에 대한 오래된 연구에서 거주민의 60%는 임상적인 정신과적 상태에 있고 20%는 심리적으로 큰 문제를 안고 있음을 밝혀냈다.[7] 다른 연구들의 경우에서 일과 관련된 스트레스

Models : An Editorial," *Journal of Health and Social Behavior* 40, no. 2(June 1999) : 126–129.

5 Jack Stuster, *Bold Endeavors : Lessons from Polar and Space Exploration*(Annapolis, Md. : Naval Institute Press, 1996), 8.

6 Irwin Altman, "An Ecological Approach to the Functioning of Socially Isolated Groups," in John E. Rasmussen, ed., *Man in Isolation and Confinement*(Chicago : Aldine Publishing Co., 1973), 241–270; A. F. Barabaz, "Antarctic Isolation and Imaginative Involvement : Preliminary Findings," *International Journal of Clinical and Experimental Hypnosis* 32(1984) : 296–300; Robert Johnson, *Culture and Crisis in Confinement*(Lexington, Mass. : Lexington Books, 1976) ; Albert A. Harrison, Yvonne A. Clearwater, and Christopher P. McKay, *From Antarctica to Outer Space : Life in Isolation and Confinement*(New York : Springer–Verlag, 1991).

7 Leo Srole et al., *Mental Health in the Metropolis : The Midtown Manhattan Study*(New York : McGraw–Hill, 1962).

다음에 정신건강에서 가장 중요한 사회적 요인은 가정, 부부, 친구관계이다.[8] 의학 저널인 『란셋(*The Lancet*)에 따르면, 혼자 살면서 친구가 없고 자녀들과 소원한 관계에 있는 노인들 중 60%는 사회적 관계를 원만히 갖고 있는 사람들보다 정신적 질환으로 발전할 가능성이 훨씬 높다.[9]

1988년에 웨스트 버지니아(West Virginia)의 웰스버그(Wellsburg)에서는 미국 평균보다 29% 정도 높은 심장병 질환이 발병했다. 루 헐리(Mary Lou Hurley)와 쉬프(Lisa Schiff)에 의해서 수행된 연구에 따르면, 1996년까지 웰스버그 공동체의 심장 혈관계통의 질병은 통계에서 웨스트 버지니아 주에서 가장 건강한 것으로 밝혀졌다.[10] 건강상태 개선의 주된 요인으로는 공동체 구성원들과의 산보, 참석자들이 음식을 가져와 나눠먹는 회식(potluck), 에어로빅 강습 등의 결과인 것으로 보고되었다. 그 과정에서 콜레스트롤, 혈압, 스트레스 등이 현격히 줄어들었다.[11] 182명의 공동체 구성원들에 대한 1996년의 조사에

8 Millard Walz, *Social Isolation and Social Mediators of the Stress of Illness*(Hamburg, Germany : Lit Verlag, 1994), 56–57.

9 Laura Fratiglioni et al., "Influence of Social Network on Occurrence of Dementia," *The Lancet* 355, no. 9212(15 April 2000) : 1315.

10 Mary Lou Hurley and Lisa Schiff, "This Town Made Wellness a Way of Life," *Business and Health* 14, no. 12(December 1996) : 39–43.

11 Ibid.

서 그들은 체중뿐만 아니라 콜레스테롤과 혈압의 감소를 달성했음을 밝혀냈다.[12] 조사를 담당했던 연구자들에 따르면, 평균 건강지수(wellness score)는 1988년 기준으로 해서 12% 정도 높아졌고, 평균 피트니스 지수도 42%정도 높아졌다.[13]

여기에는 아래와 같은 유형의 다양한 연구 결과물들이 있다. 그 연구결과들은 공동체 결속의 효과와 반사회적 행동을 억제시키는 장점들에 대해 초점을 맞추고 있다.

- 오렌지 해츠(Orange Hats)라고 불리어지는 자경단(Volunteer)은 워싱턴 D.C.에서 그들의 이웃으로부터 마약 거래자를 추적하였고, 그 과정에서 공동체 구성원들은 서로 가까워졌다. 마약거래자들은 다른 공동체로 옮길 것이고, 그들은 같은 운명에 처하게 될 것이다. 그 결과 마약시장은 붕괴되었다.[14]
- 오레건(Oregon) 주의 틸라무크(Tillamook) 카운티에서 종교적 조직과 자율적 조직을 포함한 공동체의 협동을 통해 10대(10-17세)의 임신율을 1990년에 1,000명의 소녀 중 24명의 임신에서 1994년에 1,000명당 7명으로 줄이는 데 성공했다.[15]

12 Ibid.

13 Ibid.

14 Suzanne Goldsmith, *The Takoma Orange Hats : Fighting Drugs and Building Community in Washington, DC*(Washington, D.C. : The Communitarian Network, 1994).

- 모든 종류의 폭력 및 비폭력 범죄는 작은 도시와 마을에서보다 미국의 대도시에서 훨씬 높게 나타났다. 예를 들어 살인, 강도, 강간, 폭행 등을 포함하는 폭력 범죄는 백만 명 이상의 대도시에서 매년 100,000명당 1,287건이 발생한다. 반면에 만 명 이하의 소도시에서 폭력 범죄는 매년 100,000명당 397건의 비율로 발생한다. 가장 작은 차이가 발생하는 범죄인 강간의 경우도 백만 명 이상의 대도시에서 100,000명당 37건이 발생하는 데 비해 10,000명 미만의 소도시에서 100,000명당 28건에 그치고 있다.[16]

특별히 관심을 가지고 해야 할 일은 현존하는 공동체의 부활과 유지가 부주의하게 약화되지 않도록 대부분 현존하는 공공 정책에 대해 재검토 작업이 이루어져야 한다는 것이다. 만약 그러한 정책들이 본연의 역할을 수행하는 과정에서 공동체를 훼손하게 된다면 그 정책들이 어떻게 바뀌어져야 할 것인

15 Jeffrey S. Juke and Kathryn Robb Neville, "Curbing Teen Pregnancy : A Divided Community Acts Together," *The Responsive Community* 8, no. 3 (Summer 1998) : 62–72.

16 Federal Bureau of Investigation, "Section 2, Table 16, Rate : Number of Crimes per 100,000 Inhabitants by Population Group," *Crime in the United States 1998 : Uniform Crime Report*(Washington, D.C. : Government Printing Office, 1998), 188–189. 자세한 것은 다음에서 찾아보아라. http://www.fbi.gov/ucr/98cius.htm.

지를 결정하기 위한 현존의 공공 정책에 대한 재검토가 또한 이루어져야 한다. 그리고 동일한 정책들이 지방, 광역, 사회 수준에서 공동체 발전에 적합한지 면밀하게 검토되어야 한다.

중도주의 정부는 극단적인 방향으로 급작스럽게 입법화하려는 시도를 물리칠 때 가장 원활하게 작동한다. 태도나 행동을 변화시킬 타당한 필요성이 있을 때(예를 들어 가뭄 때 물을 절약하도록 하는 것) 비공식적인 공동체에 기초한 절차에 의존하는 것(예를 들어 공동체 구성원들이 서로를 질책해 주고, 어떤 형태의 행동을 평가해 주는 것)이 법에 의존하는 공동체보다 훨씬 좋다는 사실을 국가는 깨달아야 한다. 법에 지나치게 의존하는 것은 도덕적 양심을 마비시킨다. 도덕적 문화가 잘 작동하지 않는 곳에 입법조치가 도입될 때 법에 의한 강제나 제도는 도덕적 의식을 약화시키며, 공동체의 도덕적 목소리를 감소시킨다. 예를 들어 만약 정부가 알코올 중독자가 알코올 중독자 모임에 참여해야 한다든지 감옥에 보내는 것을 법으로 정한다면, 그러한 모임을 자신의 내적 동기나 주변 사람들의 권유 때문에 참여하는 사람보다 효과가 훨씬 줄어든다.

우리는 이혼과 알코올 소비를 억제하려는 정부의 정책들이 실패로 돌아갈 수밖에 없는 사례로부터 많은 교훈을 얻었다. 사람들은 서로 간의 정신적 교감이나 믿음이 있어야 한다. 선한 행동을 이끄는 지름길은 사람들이 도덕적 주장들의 장점에 확신을 갖는 것이다. 제안된 공동체주의의 원리가 적용된 예를 들어본다면 다음과 같다. 예를 들어 이혼을 더 어렵게 만듦으로써 결혼상태를 유지하려는 미국의 20개 주 중 일부는 도덕적 대화에 더욱 더 의존하려 한다. 도덕적 대화는 가정을 지탱하는 문화나 조건을 형성하도록 공동체를 이끌 것이다. 따라서 법에 호소는 악행을 예방하기 위한 최우선의 일이 아니라 최후의 보루여야 한다.

공동체의 영향력에 대한 제한

비록 공동체의 도덕적 문화가 좋은 사회를 만드는 데 중요한 기여를 한다 할지라도 공동체에 기초한 도덕성은 검토될 필요가 있다. 공동체 형성에 필요한 가치에 대한 도덕적 입장을 평가할 때, 이런 가치들이 우리가 어떤 도덕적 준거에 중점을 두든 그것을 반드시 충족시킬 것이라고 확신할 수 없다. 언뜻 보기에 가치는 본질적으로 선한 것처럼 보일 수 있고, 일부는 그렇게 가치라는 용어를 사용하기도 한다. 그러나 우리가 선과 덕을 위한 우리의 준거를 충족시킨다고 판단하는 가치뿐만 아니라 잘못된 가치들, 예를 들어 무정부주의자들에 의해 주창되어지는 신념들이 있다. 우리는 그러한 판단준거를 어디서 발견할 수 있는가?

가능한 하나의 방안은 기본법이나 헌법에 담겨져 있는 공통적인 사회적 가치를 이용하여 공동체의 도덕적 문화를 평가하는 것이다. 어느 공동체도 부당하게 침해하지 말아야 할 것이 바로 개인의 권리라고 간주하는 것은 분명 맞는 말이다. 즉, 좋은 사회 유지에 필요한 여러 요소들이 마찬가지로 공동체에도 포함되어야 한다.

초기의 공동체는 개인과 소수인들을 억압해 왔기 때문에 공동체 경계 내에 있는 국외자들의 권리뿐만 아니라 모든 공동체 구성원들의 개인적 권리를 보호하는 것이 국가의 역할이기도 하다. 그러므로 어느 공동체도 언론의 자유, 집회의 권리, 어느 다른 헌법적 권리 등을 침해하지 않아야 한다는 것이다. 공동체가 도덕성에 대한 유일한 또는 최종적인 중재자일 수밖에 없다는 관점조차도 타인종에게 사형을 가하는 데 합의했던 20세기 남부 공동체(southern communities)의 결정을 눈여겨 볼 필요가 있다.

특수한 공동체에 대해 어느 곳에서 제한을 가할 것인가에 대한 문제가 아직 논란의 여지가 남아 있다손 치더라도 원칙적으로 어느 공동체도 옳고 그름을 결정할 전권을 가질 수 없다. 중매결혼의 전통을 가진 이민 공동체는 양쪽의 동의가 불확실한 경우에도 이런 관행이 계속해서 허용되어져야 하는가? 여성의 할례(음핵절제)나 어린이의 노동이 묵인되어야 하는가? 이런 것들이 공동체가 인간의 기본적인 권리에 관한 한,

최종적인 결정권을 행사하지 말아야 할 문제의 유형들이다.

냉정하면서도 번영하는 공동체의 이런 비전은 전례가 없지는 않다. 민주사회 내의 많은 공동체들은 헌법이나 기본법에 의해 지켜진다. 키부츠(이스라엘의 집단농장)의 구성원들은 그들의 각각의 공동체 구성원들에게 거는 기대에 대한 확고한 인식을 갖고 있다. 그러나 동시에 어느 누구도 언론 자유, 집회 결사의 자유 등에 대해 부정하지 않는다. 비록 사회적 질서와 개인적 권리에 대한 편협한 개념이 미국 도시 주변의 공동체와 전문가(직업적) 공동체에서 이따금 충돌을 일으킬 수 있을지라도 양자는 일반적으로 상호 고양의 관계이다.

좋은 사회에서 공동체들을 억제시키는 규칙들은 더 확장될 수 있지만 기본적인 원리는 똑같다. 자유방임적 공동체는 자유방임적 시장이나 국가처럼 위험할 수도 있다. 다시 말하면 좋은 사회의 핵심에서 균형은 상호 견제에 의해 이루어지며, 공동체 또한 예외가 아니다. 그러나 공동체가 과도해질 수 있다는 사실은 본질적으로 공동체에 반대하는 논의로서 활용되지 말아야 한다. 의약품, 음식, 음료수처럼 적절히 섭취하면 공동체는 좋은 삶의 필수적 요소이기도 하지만 공동체가 과도하게 되면 좋은 삶을 파괴할 수도 있다.

개인의 권리와 사회적 책임

좋은 사회는 공동체 구성원들이 공동체에 대한 책임을 다하며 살아가야 한다는 기대감과 개인적 권리에 대한 존중을 결합한 것이기도 하다. 공동체적 접근의 가장 큰 성취 중의 하나는 권리라는 말을 억제하는 것이었다. 권리를 지나치게 강조하고 자신의 욕구와 이익을 법에 호소하며 불필요한 소송으로 문제를 해결하려 드는 것들이 이에 해당된다. 사회적 책임을 도외시하는 권리에 대한 논의가 자유분방한 개인주의 시대인 1980년대에 만연했다. 그러나 오늘날은 개인의 권리와 사회적 책임이 다같이 존중되어야 한다는 광범위한 인식으로 바뀌어 가고 있다.[17]

자신의 사회적 의무가 부정될 수 없는 것처럼 기본적인 개인적 권리도 양도할 수 없는 성격의 것이다. 그러나 책임 없이는 권리도 없다는 주장은 중대한 도덕적 과오이다. 반대로 권리 없이는 책임도 없다는 주장 또한 중대한 도덕적 과오이다.[18] 비록 사람들이 세금을 포탈하고, 자녀를 돌보지 않고, 자

17 Mary Ann Glendon, *Rights Talk : The Impoverishment of Political Discourse* (New York : Free Press, 1991).

신의 책임을 다하면서 살지 못한다 할지라도 어느 누구도 공정한 재판, 언론 자유, 그밖의 다른 기본적인 권리를 부여받는다. 일부 사람들이 주장하는 것보다 더 적은 권리가 있을 수 있지만, 헌법에서 보호된 우리의 권리는 조건화되지 않는다. 우리는 개인의 권리를 얻기 위해 어느 것을 하도록 요구받을 수도 없고 요구받지도 않아야 한다. 그러므로 감옥에 있는 동안, 심지어 복역 후조차도 투표권을 죄수들에게서 박탈하는 정책들은 바뀌어야 한다. 동일한 원리에 따라 비록 어떤 사람이 자신의 책임을 다하지 못했다 할지라도 인간의 필수적 요소인 의식주를 박탈하지 말아야 한다. 사회는 무책임한 개인들의 시민권을 박탈하지 않고, 지독히 가난한 사람들을 비난하지 않아야 하지만 무책임한 개인들을 벌줄 수도 있고, 그들을 다른 측면에서 비난할 수도 있다.

동시에 권리가 제한된 사람들(이름 하여 등록 실수나 유죄 판결 때문에 투표권이 거부된 사람이나 승산 없는 명예훼손 소송 때

18 비록 나는 기든스(Anthony Giddens)에 일반적으로 동의하면서도 이 점에서 나는 그와 의견을 달리한다. 기든스는 정부가 소외계층을 보호하는 것을 포함하여 시민들의 삶에 대해 전반적인 책임을 져야 한다고 주장하고 있다. 그러나 과거의 민주주의는 권리를 무조건적인 요구로 간주하려는 경향이 있었다. 개인주의의 확대와 더불어 개인적 의무의 확장도 수반해야 한다. 윤리적 원리로서 책임 없이는 권리도 없다는 주장은 복지혜택을 받는 사람들뿐만 아니라 모든 사람에게 적용되어야 한다. Giddens, *The Third Way*, 65–66.

문에 침묵을 강요당한 사람들) 또한 자신의 자녀를 돌보는 일이나 사회적 책임에서 결코 자유롭지 않다.

그렇지만 사람들이 타인에 대한 책임을 다해야 한다는 것은 좋은 사회의 핵심적인 요인임은 더 말할 나위 없다. 비록 개인들이 그들이 할 수 있는 기여나 영역은 아주 다양할지라도 어느 누구도 이런 기대로부터 예외일 수는 없다. 이런 문제를 고려할 때 정신적 시험이 도움을 줄 수 있다. 예를 들어 자신의 수족을 잃고 평생을 병원에 입원해 있는 불구자를 생각해 보자. 그 사람은 책장을 넘기기 위해 자신의 입 안에 문 막대기를 이용할 것이다. 우리는 그에게 책장을 넘기는 일을 도울 간호사를 제공해 주어야 하는가, 아니면 자신의 안녕에 대해 스스로 책임질 것을 기대해야 하는가? 인간의 존엄성을 존중하고 가능한 한 공동선을 위해 최선을 다해야 한다는 기대에 부응하기 위해 수족이 없는 그 사람이 도움 없이도 스스로 책장을 넘길 수 있을 것이라고 우리는 기대할 것이다. 만약 자신의 능력을 최대한 발휘해야 한다는 책임의식을 이런 상황에 적용해 보면, 자신의 능력에 부합하는 공공 이익에 앞장서야 한다는 데 그 어느 사람도 예외일 수 없다.

따라서 고등학생들은 시민활동의 일환으로서 공동체 봉사활동에 참여해야 한다.[19] 노인들(퇴직연금 생활자)은 서로

19 더욱 발전된 논의를 위해서는 다음을 참조하라. Charles Moscos, *A Call*

를 도와주고, 가족들을 도와주고, 공동체를 위해 봉사할 것을 요구받는다. (마찬가지로 복지혜택을 받는 사람과 유급의 직장을 찾지 못한 사람도 공동체의 일과 의무를 다하려고 노력해야 한다.) 전염병을 앓고 있는 사람들은 자신의 병을 다른 사람에게 옮기지 않도록 최선을 다해야 한다.

판단의 기준은 법원이나 경찰에 의해 이루어지는 법적 강제가 아니라 도덕적 기대이다. 자신의 책임을 다한다는 것은 희생이나 벌로서 간주되는 것이 아니라 고상하고 선한 행동으로 간주되어야 한다. 정말로 고등학생들이 빈민이나 노인들을 위한 무료 식당에서 일하는 것으로부터 깊은 만족을 느낄 수 있다.

모든 것으로부터의 책임은 모든 것을 위한 책임과 같은 말이다. 즉, 좋은 사회에서 공동체는 어느 사람도 비인간적으로 대우하지 않는다는 도덕적 책임을 전제한다. 이는 인간의 근원적인 절대 빈곤에서 벗어날 때 가능하다. 자발적인 결사체, 확대 가족, 친구, 상호 구호조직, 종교적 자선단체 등이 이러한 짐의 일정 부분을 나누어 담당할 수 있다. 공동체가 절대 빈곤, 특히 전쟁, 천재지변에 의해 위기에 처했을 때 물론 최종적인 책임은 국가에 귀착된다.

모든 사람이 충분한 존경심을 가지고 본질적으로 목적

---

to Civic Service(New York : Twentieth Century Fund/Free Press, 1988).

적 존재로서 인정받고 대우받는다는 것을 확신할 때만이 공동체는 특별히 중요한 역할을 수행할 수 있다.[20] 셀즈닉(Philip Selznick)이 주장한 바와 같이 모든 사람들은 동일한 본질적 가치를 지니고 있으며, 모든 사람들은 동등한 도덕적 관심의 대상이다. 이것이 정의의 요체이기도 하다. 그에 따르면 사회 정의에 대한 가장 중대한 위협은 사회적 종속관계이다. 그러므로 사회적 힘은 골고루 나누어 가져야 하고, 형평성이 있어야 하며, 배척되지 않아야 한다.[21] 어느 사람도 인종, 종족, 성, 종교적 배경, 무능력(불구) 등의 이유로 차별대우받지 않아야 한다는 것이 이에 대한 분명한 예이다.[22] 굴욕감을 일으키는 차별은 체면을 손상시키고, 증오를 유발하고, 사람을 적대시하도록 만든다. 그리고 차별대우는 기본적인 정의감을 훼손할 뿐만 아니라 인간을 목적으로서 대우하는 원리와도 양립할 수 없다. 여기서 국가 또한 차별대우를 막아주는 버팀목이어야 한다.

개인의 권리와 사회적 책임 사이의 균형을 흐트러트리

20 "포용은 형식적으로 뿐만 아니라 그들의 삶의 실제로서 사회의 모든 구성원들이 가져야 할 시민의 정치적 권리와 의무에 대한 언급이며, 좀더 넓은 의미에서 시민의식에 대한 설명이기도 하다." Giddens, *The Third Way*, 102–101.

21 Philip Selznick, "Social Justice : A Communitarian Perspective," 미출판 논문.

22 Philip Selznick, *The Moral Commonwealth : Social Theory and the Promise of Community*(Berkeley and Los Angeles : University of California Press, 1992).

는 모든 정책들은 재검토되고 수정되어야 한다. 예를 들어 프라이버시를 보호할 권리가 존중되어야 하지만 그 권리는 생명과 신체 보호보다 우선할 수는 없다. 따라서 학교 버스 운전사, 기차 기관사, 비행기 관제사 등에 대한 강제적인 약물검사는 합법적이다. 왜냐하면 이 경우에 그 사람들에 대한 사생활 침해는 작은 것이지만 그런 사람들이 책임지고 있는 사람들의 위험 여부가 훨씬 더 막중한 것이기 때문이다. 결국 미국의 제4 수정안 헌법에서 불합리한 검문과 체포는 하지 말아야 한다고 명시되어 있음에도 불구하고, 만약 공공의 강력한 관심이 있는 것이라면 정당한 검문은 수용되어야 한다는 것을 인정하였다. 어린이를 가득 태운 버스나 사람들을 가득 태운 기차는 충분히 공적인 관심의 대상이다. (정말로 이 경우에 법원은 대체로 이들에 대한 강제적인 약물검사를 계속하도록 허용해 왔다.) 이런 동일한 준거를 적용해야 할 다른 전문직종이나 직업이 있을 수 있다. 예를 들어 경찰관이 이에 해당할 수 있다. 하지만 대부분의 사람들에게 강제적인 약물검사를 강요할 이유는 없다. 반대로 우리 신체가 아주 사적인 부분에 관련된 것이고 기껏해야 최소한의 사회적 이익을 가져오는 우리의 사적인 의료기록들의 유출은 엄격히 금지되어야 한다.[23]

23 Amitai Etzioni, "Medical Records : Big Brother Versus Big Bucks," in his *The Limits of Privacy*(New York : Basic Books, 1999), 139–182.

최근 들어 인터넷이나 사이버 공간의 사회적 · 도덕적 영향에 대한 많은 관심을 불러일으키고 있다. 인터넷과 사이버 공간의 출현은 디지털 혁명과 이것의 뒤를 이어 나타난 생명기술 혁명과의 결합에 의해 생겨난 도전들과 비교하면 새발의 피다. 과학기술이 발전함에 따라 우리는 특별히 인간 존중의 가치를 보호하고 그러한 가치 보존을 위한 제도를 개발하는 데 최선의 노력을 다해야 한다. 과학과 기술의 진전에 따라 우리는 우리의 가치를 보호하기 위해 열심히 노력해야 하며, 그것이 가능할 수 있도록 제도를 보완해야 한다. 산업혁명의 개시 이래 사회 · 도덕적 제도의 발달은 기술적 · 경제적 발달을 따라가지 못했다. 최근 들어 이 갭은 더 벌어지고 있다. 만약 우리가 이런 문제에 훨씬 더 많은 관심을 기울이지 않는다면 우리 사회는 존속할 수 없다. 생명윤리위원회나 연구소는 이런 문제를 수박 겉핥기식으로 다루고 있을 뿐이다. 그러나 이에 대한 광범위한 도덕적 대화, 심사숙고, 신속한 연구 등이 요구된다.

도덕적 문화를 변화시키기 위한 도덕적 대화

우리의 도덕적 문화에 대한 논의들이 종종 불필요하게 양극화되고 있다. 우리는 전통적인 사회구조와 사회적 관습(예를 들어 집에서 살림하는 어머니, 부모님과 함께 하는 전통적인 가정)에 얽매이지도 않고, 생활 스타일의 여러 대안들(예를 들어 양부모, 편부모, 동성 결혼, 일부일처제, 일부다처제 등)을 모두 합법적인 것으로 다루려 하기도 한다. 예를 들어 공동체는 동등한 결혼(peer marriage)에 대한 선호도를 표출할 수도 있다. 그 경우에 양측 부모들은 다른 유형의 가족형태에 대해 특별히 비판하지 않을 것이다. 문제는 동등한 결혼이 최선의 가정제도가 아니라는 점이다. 거기에는 전통(어떤 부분의 종교적 권리가 요구하는 바와 같이)을 고수하고자 하는 것과 그밖의 다른 어떤 것, 예를 들어 좌파에서 지적하는 것 사이의 사회 · 도덕적 선택이 필요하다는 사실이다. 다음에서 공동체가 잘 균형 잡힌 사회에서 이러한 문제를 어떻게 해결할 것인지에 대한 논의를 해보도록 하자.

공동체나 공동체들의 공동체의 도덕적 문화가 수세대를 걸쳐 전수된 것이긴 하지만 그것은 결코 고정된 것이거나 전통적인 것이 아니다. 반대로 공동체의 도덕성은 끊임없이 새로운 사회적 요구, 통찰력, 무엇보다 도덕적 주장들에 따라 재구성될 수 있다. 이러한 재조정은 좋은 사회의 특별한 중요성에 대한 논의과정, 즉 도덕적 대화를 통해 이루어진다. 도덕적 대화는 뜨거운 도덕적 문제에 대해 식사를 하면서, 바에서, 자동차 안에서, 직장에서, 대중매체(예를 들어 텔레비전이나 라디오에서 청취자로부터의 전화를 방송하는 프로그램)에서 많은 시간 동안 이루어져야 한다.

지역 공동체, 전체적인 국가사회, 여러 나라에서 온 사람들조차도 하나 또는 그 이상의 도덕적 이슈에 대한 광범위한 대화를 나누게 된다. 그 이슈에는 환경, 여성들의 권리, 성차, 동성 결혼, 범인을 색출하기 위한 마을 주민 전체에 대한 DNA 검사, 어린이를 돌보는 것 등이 포함된다.

보통 하나 또는 두 개의 토픽들이 흥미를 끄는 도덕적 대화의 주제가 된다. 대통령으로부터 관촌 시인에 이르기까지, 미디어 종사자로부터 저항집단에 이르기까지 도덕적 대화에 참여할 수 있다. 수많은 도덕적 대화의 시도들 중에 어느 것이 호응을 얻을 것인가를 결정하는 것은 바로 건강한 비판의식을 지닌 공중이다.

반대의 주장에도 불구하고 도덕적 대화를 위한 중요한 공간인 매스 미디어는 물론 의제(agenda)나 그 결과에 영향을 미치긴 하지만 완전히 통제하지는 못한다. 이것은 부분적으로 매스 미디어 자체가 건전한 방향으로 나아가지 않을 수도 있기 때문이며, 부분적으로 대중이 생각한 것보다 교화나 세뇌 등에 훨씬 덜 취약할 수 있다는 점 때문이다. 이런 관찰결과를 검증하기 위해 예를 들어 사형제도에 대한 어느 도덕적 대화를 분석해 보도록 하자. 대개 주요 매스 미디어는 대중보다 사형제도에 대해 훨씬 더 반대하지만 대중은 크게 동요하지 않는다.

도덕적 대화는 주로 사실에 대한 것이 아니라 가치에

대한 것이다. 도덕적 대화는 전문가들 사이에서보다 오히려 시민들 사이에서의 대화이다. 이것은 사실적 논의에 대한 여지가 없다거나 영향을 갖고 있지 않다는 것을 의미하지 않는다. 대부분 그런 논의들은 본질상 경험으로 증명될 수 있는 것이 아니라 본질적으로 윤리적인 것이다. 예를 들어 우리는 코소보 전쟁기간 동안 세르비아에 폭력을 가했어야 했는지 말았어야 했는지, 또는 동성 결혼을 허용해야 할 것인지 말아야 할 것인지에 대한 논의를 생각해 보자. 도덕적 대화의 주제는 도덕적 문화이다. 그러한 도덕적 대화는 도덕적 문화를 재형성하기 위한 노력의 일환이기도 하다.

공동체가 무엇이 옳은지에 대한 대화에 몰입하게 될 때, 그 논의는 종종 무질서하고 끝없이 늘어질 수도 있다. 그러나 그러한 논의는 공동체가 제대로 평가하기도 하고 비난하기도 하는 것 등에 대한 공동체의 도덕적 문화의 재구성을 유도할 수도 있고, 새로운 공유된 도덕적 이해를 이끌어낼 수도 있다.

가장 중요한 것으로 사람들은 종종 그 과정에서 공공정책, 법, 경찰 등의 변화 없이도 자신의 행동을 수정한다. 엄청난 노력이나 많은 경제적 비용을 투자해야만 많은 사람들의 행동을 변화시킬 수 있다. 예를 들어 1950년대에 대부분의 공동체들은 환경에 대한 도덕적 의무감을 갖고 있지 않았다. 그러나 1960년대 전개된 심오한 도덕적 대화는 어머니인 대지에 대한 우리의 도덕적 의무감을 불러일으켰을 뿐만 아니라, 자발적인 자원 재활용과 에너지 보존과 같은 변화된 행동을 통한 자발적 참여를 이끌었다. 만약 어떤 공동체가 중요한 측면에서 사회정책의 변화를 필요로 한다면, 그러한 변화는 도덕적 대화에 의해 가장 잘 실현될 수 있다.

공공 정책의 중요한 변화에 대한 도덕적 대화에 대중, 특히 도덕적 · 사회적 현안 문제에 대한 이해 당사자들을 참여시키는 것이 점점 통제를 어렵게 할 수도 있음을 인정해야 한다. 왜냐하면 이런 대화는 많은 시간을 소모하고 정부가 나아갈 방향을 결론짓지 못할 수도 있기 때문이다. 그러나 동시에 그러한 대화 없이 도덕적 · 사회적 문제에 대한 사회적 행동양식에서 근원적이고 확장된 변화를 성취하는 것이 불가능함은 자명하다. 간단히 말해 도덕적 대화는 선을 갈망하는 사회에서 의미 있는 변화의 가장 중요한 엔진이다.

가정 : 결정적인 새로운 환골탈태의 요구

역사적으로 모든 사회에서 가족들은 인격형성과 공동체의 다음 세대들에게 도덕적 문화를 전수하는 역할을 담당해 왔다. 우리는 어린이들이 어릴 때부터 편부나 편모에 의해, 또는 고아원에서 과연 제대로 교육받을 수 있는지의 문제를 안고 있다. 이것은 끊임없는 논쟁거리이다.

전통적 가정으로부터 포스트모던 가정으로의 전환과정에서 생겨나는 수많은 문제를 해결하기 전에 우리는 가정과 보육시설에서 여러 아동 양육 유형의 효과에 대한 증거를 더 철저히 검토해야 한다. 백악관, 보건복지성, 또는 국립과학연구소 등이 최고 사회과학자들로 구성된 과학 법정(Science Court)[24]을 소집해야 한다. 그 법정은 어린이 양육문제에 대해 청문회를 개최할 것이고, 과학적 증거를 조사할 것이다. 그리고 어린이 양육문제에 대한 각계각층의 대표자들에게서 고견을 듣게 될 것이다. 그 법정은 현존하는 데이터의 추가적인 분석을 요구할 수도 있고, 강력한 관련된 증거를 보여줄 새로운 데이터의 산출을 요구할 수도 있다. 그리고 결손 가정을 대체할 우리의 능력과 관련하여 생겨나는 중요한 문제에 대한 확실하고 믿을 만한 결론에 도달하려 노력해야 한다.

교육자들, 연구자들, 부모를 망라하는 국가 지식인 패널(National Reading Panel)인 그런 법정은 어린이들에게 독서법을 가르쳐 주고 자녀들에게 책을 읽으라고 성화하는 잔소리(reading war)를 끝내기 위한 여러 방법들의 상대적인 장점에 대해 정보를 선별하기 위해 노력했다.[25] 그 패널은 2000년 4월에 결

24 과학 법정에 대한 더 진전된 논의를 위해 Allan Mazur, "The Science Court : Reminiscence and Retrospective," *Risk* 1, no, 4(1993) : 161.

과물을 발표했다. 그러나 그 결과물들이 얼마나 광범위하게 받아들여질지는 여전히 불확실하다. 그렇지만 이러한 사실은 과학 법정이 어떻게 작동하는지를 잘 설명해 주고 있다.

확실히 일부 사람들이 주장하는 바와 같이 새로운 형태의 가족제도와 어린이들의 시설수용으로부터 큰 고통을 받게 될지 아니면 혜택을 받게 될 것인지에 따라 도덕 · 문화와 공공정책에서 커다란 차이를 유발하게 된다. 과학 법정의 결론은 정책결정의 중요한 근거를 제공할 뿐만 아니라 제기된 문제에 대한 도덕적 대화를 강화하고, 자극하고, 가속화시킬 것이다. 그러나 과학 법정의 결론은 강제력을 띠지 않아야 한다. 과학 법정은 태어나서 5세까지의 아동들에 초점을 맞추어야 한다. 왜냐하면 이 시기가 인격의 토대가 형성되는 기간이기 때문이다.

과학 법정은 편부, 편모가 자녀양육에 해를 끼칠 것인지 여부뿐만 아니라 점증하는 어린이의 결손이 있는지, 있다면 그것의 함의가 무엇인지에 대해 철저히 조사해야 한다. 여러 선진국가들에서 출생률은 대체율(사망자수 대 출생자수)을 밑돌고 있다는 많은 증거가 있다. 이는 해당 사회에 상당히 부정적인 결과를 낳게 될 것이다. 이런 결과가 초래할 가장 중요한 문

---

25 "National Reading Panel Report Due out Soon," *Reading Today* 17, no. 4 (February/March 2000) : 6.

제는 지금보다 훨씬 더 적은 수의 노동자들이 급속히 증가하는 은퇴한 사람들이나 그 부양자들을 위해 일해야 한다는 점이다. 이와 같은 인구의 급감은 이민정책을 통해 개선될 수 있으나 그 자체만으로 미국 사회의 중대한 문제를 야기한다. 좀더 분명하게 말해, 만약 우리가 가정에서 최우선의 사회적 의무가 자녀에 대한 도덕교육이라면 사회적 의무 또한 자녀를 낳아 키우는 일이라고 말할 수 있어야 한다. 아이를 가질 수 없거나 정신적으로 아이를 낳을 상태가 아닌 사람에게까지 아이를 가질 것을 강요하지 않도록 주의해야 한다. 어린이가 짐이고 직장생활과 여가시간에 방해가 되고 불편하다는 생각은 급진적 개인주의와 끝없고 허망한 물질주의에 대한 반영이라는 것이다. 개인주의와 물질주의는 좋은 사회와는 결코 양립할 수 없다.

새로운 가족정책의 도입은 과학 법정의 연구가 끝마쳐질 때까지 늦춰질 수 있다. 예를 들어 이것은 새로운 유형의 결혼을 고려하고, 자녀들이 일정 나이에 이를 때까지 원치 않는 결혼생활일지라도 계속 유지할 것을 요구하고, 자녀가 혼기에 이를 때까지 양육의 책임을 지고, 부부 간에 추가적인 법적 보호장치를 제공하고, 가정의 해체를 막기 위해 이혼에 대한 새로운 제한을 두는 등의 여러 가지 제안이 있을 수 있다.

그러한 이혼의 지연이 흔히 말하는 엄격한 결혼제도의 도입에 필수적인 것은 아니다. 왜냐하면 엄격한 결혼이 단지 행동을 촉진시킬 뿐 명령하지는 않기 때문이다. 루이지아나에서 소개된 결혼유형은 부부에게 자발적으로 높은 수준의 책무감을 가지고 결합할 기회를 제공한다. 부부는 한쪽이 원하면 결혼 전 카운슬링과 결혼생활 동안에 카운슬링에 참여하는 것에 동의한다. 그리고 범죄에 연루된 경우를 제외하고 만약 부부 중 어느 한쪽이 이의를 제기한다면 2년 동안 이혼을 늦출 것에 동의한다.

일부 가정문제는 당연한 것으로 받아들여져 그에 대한 조사와 청문회조차 요구하지 않을 수 있다. 그렇다고 전통적인 형태의 가정으로 복귀하는 것을 의미하는 것은 아니다. 여성들을 제2의 시민계급으로 간주했던 전통적인 형태의 가정들로 되돌아가자는 것이 아니다. 그러한 차별적 대우는 만인을 목적으로서 대우하라는 원리를 위반하는 것이다. 아버지와 어머니는 동등한 권리와 책임을 가져야 한다. 아버지도 자녀양육에 책임을 져야 하고, 어머니도 밖에서 직장생활을 할 수도 있다. 신생아의 부모들이 무급휴가를 허용하는 현재의 법은 유급휴가를 제공하는 것으로 바뀌어야 하고, 점차 휴가기간도 확대되어야 한다. 그 법은 50명 이상을 고용한 사업체에만 적용되어야 하는 것이 아니라 모든 사업체에 적용되어야 한다. 새로 부모가 된 사람들에게 실업 보조금의 지급이 미국의 15개 주에서 적극적으로 검토되고 있다. 더 나아가 자녀의 양육을 위해 직장을 떠난 후 다시 직장에 복귀하려는 사람들이 다시 그 일을 계속할 수 있도록 법적으로 보장해 주어야 한다. 실제로 유럽의 여러 나라들은 그렇게 하고 있다. 아니면 공적 비용으로 새 직장을 잡기 위한 직업훈련의 기회를 제공해 주어야 한다.

가정과 직장을 잘 조화시키는 왕도란 없다. 각자와 각 부부가 가정과 직장의 조화를 이룰 수 있도록 노력해야 한다. 그러나 그들의 어린이들과 함께 더 많은 시간을 보낼 수 있도록 격려해 주는 것이 좋은 사회의 중요한 관심사이다.

가까운 장래에 아이들을 돌보면서 재택근무를 하는 것이 가능하도록 해야 할 것이다. 원격통신을 이용하는 회사들에 대한 세제혜택이 도움을 줄 수 있다. 재택근무는 러시아의 교통체증은 말할 것도 없이 가정과 환경에 분명히 더 큰 이익을 가져다 줄 것이다. 노동조건과 직업적 안정을 해치지 않으면서도 재택근무를 장려하는 것이 어떻게 가능한가? 이런 문제를 해결하는 방법이 노동과 가정 사이의 갈등을 완화시키는 일이다.

이런 모든 조치들은 본질적으로 커다란 장점이 있다. 이것은 중요한 메시지를 제공한다. 좋은 사회는 정성들여 어린이를 돌본다.

학교 : 가르치는 것을 넘어서

많은 사람들은 정보, 지식, 기술을 얻기 위한 가장 효율적인 수단으로 학교를 생각해 왔으며, 학교에서 배출한 그 졸업생들의 학문적 기술과 지식의 수준을 향상시킬 필요성을 주장해 왔다. 그러나 우리는 아리스토텔레스 이래 인격발달의 중요성에 대해 인식해 왔다. 우리 사회에서 학교는 자라나는 세대들의 인격이 형성되는 곳이다. 물론 인격발달의 중요성이 가정에서 소홀히 취급되었던 것은 아니다. 학교는 사람들이 인간 상호 간에 단지 수단으로서라기보다는 오히려 목적으로서 대우하는 방법을 배우는 곳이기도 하다.

현재 공립학교의 소수만이 시민교육(civic education) 과정을 가지고 있을 뿐이다. 더 나아가 훨씬 더 소수만이 인격발달 프로그램을 실시하고 있을 뿐이다. 이조차도 아주 하찮은 것이다. 하루에 10분 정도 자료를 읽는 방식으로 1주일에 하나의 덕을 가르치는 정도이다. 진실한 인격발달 프로그램에서 특수한 덕이 배양되는 것이고, 충동을 억제할 수 있는 능력, 감정이입 능력이 생겨나는 것이다.[26] 모든 학교가 인격발달 프로그

26 이러한 입장에 대한 이유에 대해서 알아보려면 다음을 참조하라. Amitai

램을 제공하는 것이 수준 높은 교육일 수 있다.

학생들이 학교에서 경험하는 것들, 그들이 들었던 담화 등은 인격형성을 위해 아주 중요하다. 경험은 어린이들에게 더 오래도록 기억에 남게 만들어 준다. 그리고 경험은 말로 하는 것보다 더 심오하게 어린이들에게 영향을 미친다. 학교의 스포츠 활동을 수행하는 방법이 특별히 어린이들의 인격발달과 관련이 있다. 고대 그리스 시대 이래로 스포츠가 인격형성에 도움이 될 수 있다고 보아왔다. 스포츠를 통해서 충동을 통제하는 방법을 배우고, 규칙을 지키고, 심판을 존중하는 법을 배운다. 일부 학교에서 스포츠를 통해 아동이나 청소년에게 승리가 유일한 목적임을 가르치고자 한다. 또한 다른 학교와의 스포츠 경기를 통해 승리를 제일의 목표로 삼기보다 게임을 어떻게 운영할 것인지를 더 중시하고자 한다. 우리는 후자에 더 많은 노력을 기울일 필요가 있다. 실제로 교육현장에서 우리는 승리 제일주의의 문제를 심각하게 걱정해야 한다.

좋은 사회는 좋은 사람들을 요구한다. 대학 진학과 성적 향상에만 매달려 있는 교사나 학부모들에게 인격교육을 맡길 수는 없다.

핵심적인 교육원리를 방기(放棄)하지 않도록 하기 위하

Etzioni, *The Spirit of Community*(New York : Crown Publishers, Inc., 1993), chapter 3.

여 매년 이루어지는 학교평가는 인격형성의 방법을 평가대상으로 삼아야 한다. 만약 이것들이 제대로 이루어지지 않는다면 학교는 바람직한 교육적 메시지를 충족시킬 수 있는 경험을 투입할 수 있도록 해야 한다. 열심히 노력하는 사람이 잘 보상될 수 있도록 해주어야 하며, 규율을 조금 어기는 것은 그저 무시하고 지나가기보다는 교육기회로 삼아야 한다. 격렬한 싸움으로 발전하기 전에 심리적 · 언어적 갈등의 해결을 돕기 위해 생활지도 교사가 복도, 식당, 운동장을 계속해서 순찰해야 한다.

아이들에게 이것 하면 안 된다라고 가르치는 교육(예를 들어 만약 알코올, 섹스, 흡연, 폭언 등을 하지 마라)은 적극적이고 의미 있는 도전을 제공하는 교육보다 성공할 가능성이 훨씬 적다. 모든 형태의 반사회적 행동은 강력한 긍정적 가치를 지닌 공동체에서 낮게 나타난다. 교육, 가정, 복지정책 등은 종종 서로 분리해서 입안되어지기도 하고, 무엇보다 업무 관행을 고려하지 않은 상태에서 별개로 나타나기도 한다. 그러나 만약 사람들이 본질적으로 목적적 존재로 간주된다면 그들은 단지 학생, 부모, 노동자 등으로서 고립된 존재로 간주되지 않는다. 이런 문제를 다루기 위해서는 전체론적으로 접근되어야 한다. 그러한 접근의 예로 여러 공공 정책이 일관성을 지녀야 한다는 것이다. 하나의 중요한 예로 수백만 명의 부모들이 집에 돌아오기 전에 학교는 파한다는 것이다. 청소년 범죄가 오후 3시와 6시 사이에 주로 일어난다는 것을 감안한다면 그 점을 메울 수 있는 정책이 모색되어야 한다는 것이다.

자율적인 도덕문화 대 검열

권리를 최고의 가치로 주장하는 사람들은 언론의 자유, 표현의 자유가 모든 우리의 권리 중 가장 절대적인 것이며, 침해되지 않아야 한다고 본다. 엄격한 조건 하에 언론의 자유에 대한 제한이 정당화될 수 있는 확실한 근거가 명시될 때만이 언론의 자유는 제한될 수 있다고 이는 주장하는 것이다.[27] 따라서 포르노그라피, 대중매체의 폭력성 등에 대한 금지와 같은 이런 권리에 대한 제한은 많은 자유주의자들에 의해 강력히 거부된다. 그러나 이러한 제한은 수많은 페미니스트들에 의해 받

27 마이클존(Alexander Meiklejohn)에 따르면, 아주 주의 깊게 헌법 수정 제1항 '언론 · 신문 · 종교의 자유를 보장한 조항'을 읽어본 누구나 언론 자유의 절대성에 대한 조항을 보고 놀랄 수밖에 없을 것이라고 적고 있다. 의회는 언론의 자유를 약화시키는 어느 법도 만들지 말아야 한다는 조문은 부적절한 것이다. 그것은 예외를 인정하지 않고 있다. 그런 유형의 법이 제정되지 말아야 한다는 주장은 어떤 상황에서도 그런 법을 만들지 말아야 한다는 것을 의미하기도 한다. Alexander Meiklejohn, *Free Speech and Its Relation to Self-Government*(Port Washington, N.Y. : Kennikat Press, 1972), 17.

아들여진다. 반면에 보수주의자들은 비도덕적이고 음란한 표현물에 대해 검열을 실시해야 한다고 주장한다. 따라서 보수주의자들은 포르노그라피의 판매를 금지하고, 대중매체나 인터넷상에서 포르노그라피에 대한 유포를 금지하고, 포르노그라피를 마약과 동등하게 취급하고, 그것의 소유를 금하는 것 등을 법제화하고자 한다. 연합부흥회(보수적인 기독교 교파)의 운영위원인 베어(Theodore Baehr)는 성행위를 암시하고 표현하는 춤과 음탕한 키스를 법적으로 금지하는 영화의 입법화를 요구한다. 영화법은 "영화를 보는 사람들의 도덕적 기준을 저하시키는 영화를 제작하지 말아야 한다"고 선언한다.[28] 사려 깊은 가톨릭 신자들과 다른 사회 보수주의자들이 기고하는 잡지인 『뉴옥스포드 리뷰(*New Oxford Review*)』에 글을 쓰는 스톡(Thomas Storck)은 검열 사례집을 만들었다.[29] 그는 거기서 포르노그라피는 단지 검열만으로는 안 되고 그 이상의 규제가 요구된다고 주장한다. 더 나아가 그는 "잘못된 생각의 표현"도 규제하고자 한다.[30] 더욱 최근 들어 오클로호마 대학교(The University of Oklahoma) 법학과 교수인 산더스(Kevin Saunders)는 국가 또는 주 정부가 과도한 폭력물의 유포를 금지하는 권한을 가져야 한다고

28 Robert Boston, *Why the Religious Right Is Wrong*(Buffalo, N.Y. : Prometheus Books, 1993), 189.

29 Thomas Storck, "A Case for Censorship," *New Oxford Review*, May 1996, 23.

30 Ibid.

주장했다.[31]

국가에 의한 질서보다 주로 도덕적 질서를 형성하고자 하는 성향을 따르려는 공동체주의 패러다임은 (a) 특수한 도덕적 개념, (b) 국가에 기초한 메커니즘보다 오히려 공동체에 기초한 메커니즘, (c) 처벌받을 만한 표현물의 현존하는 범주의 제한된 확장 등을 꾀한다. 이것들은 다음에서 간단히 다루어질 것이다.

권리 대 옳음(Right versus Rightness)

표현의 자유를 다루는 공동체주의 방식은 말할 법적 권리와 말해진 것의 도덕적 정당성 사이의 구분을 정하는 일이다. 음란하거나 선동적인 말을 하는 개인들의 법적 권리를 존중하면서도 공동체는 그들의 말로 크게 상처를 줄 만큼 독을 내뿜는 사람들을 고발할 자격을 부여받으며 그것을 요구받는다. 공동체의 구성원들은 증오와 저주의 방식으로 말하는 사람들과 자신을 분리하려 할 때 자신의 권리 내에서 만족스럽게 생활하게 된다.

31 Kevin Saunders, "Media Violence and the Obscenity Exception to the First Amendment," *William and Mary Bill of Rights Journal 3*(Summer 1994) : 107.

공동체에 의해 승인되지 않는 표현이 어떤 결과를 초래할 것인지를 궁금하게 여기는 사람들은 오클로호마 도시의 폭발 후 라디오 토크쇼 사회자들이 비판받은 후 그들의 과장된 표현을 점점 줄여나갔던 사례를 주목해야 한다. 유사하게 비록 타임워너(Time-Warner)가 거대한 매체에 의해 문제가 됐던 나쁜 랩송에 대한 베넷(William Bennett)의 공개적인 항의를 처음에 거부했지만 그후 타임워너는 그것에 관여했던 담당자를 해고했으며, 음악 부분의 사업을 팔아치웠다. 오래 전에 잭슨(Jesse Jackson)은 뉴욕을 하이미타운(Hymietown)이라고 불렀다. 파라칸(Louis Farrakhan)조차도 표현을 더욱 신중하게 하기 시작했다. 간단히 말해 공동체의 권고는 구성원들이 민주시민의 태도로 자신을 표현하는 데 크게 도움을 준다. 그리고 그것은 대부분의 미디어의 표현을 일정 범위와 수준 내에서 유지할 수 있도록 하는 데 큰 도움을 준다.

언론매체에서 자율적인 규제를 촉구하는 것은 결코 시간의 낭비가 아니다.[32] 대중매체들이 처음에는 규제에 못마땅하게 생각할지라도 점점 더 공동체를 생각하기 시작한다. 그러

32 예를 들어 글린(Patrick Glynn)의 프로젝트이며 공동체주의의 정책연구소(Institute for Communitarian Policy Studies)에 의해 지원을 받은 "헐리우드에 호소(An Appeal to Hollywood)"는 미디어에서 폭력장면에 대한 자발적인 규제원칙을 요구한다. 공동체주의 정책연구소의 웹사이트 주소는 http://www.gwu.edu/~icps/이다.

한 예로 방송에서 흡연, 음주, 폭력장면을 줄여 나간다. 그리고 미디어는 과거에 소수인종이나 여성을 차별하여 묘사했던 표현방식을 탈피하여 동등하게 대우하고 기술하고자 노력한다.

공동체 메커니즘

공동체는 부적절한 형태의 표현을 억제시킬 수 있는 도덕적 목소리 이외에도 비정부기구를 가지고 있다. 영국 언론이 소름끼치는 형사사건을 다루었던 태도는 하나의 중요한 사례가 되고 있다. 1995년 영국에서는 미국에서 심슨(O. J. Simpson) 살인사건의 재판이 세인의 관심을 받았던 것과 마찬가지로 유명한 재판이 있었다. 웨스트(Rosemary West)는 다머(Jeffrey Dahmer)의 살인사건과 유사하게 자신의 딸을 포함한 여러 소녀들을 살해한 사건으로 기소되었다. 타블로이드판 신문(종종 선정적인 기사를 싣는 소형신문)을 포함한 영국 언론은 희생자들이 어떻게 살해되었는지에 대한 잔인한 기사를 게재하지 않기로 합의했다. 텔레비전 방송도 팔다리가 잘린 희생자들의 모습을 방영하지 않기로 합의했다. 그들은 그러한 노출이 엽기적인 행동을 뚜렷이 보여주게 될 것이고, 그로 인해 엽기적인 행동이 좀더 줄어들 것이라는 다소 희망적인 기대도 있지만 인간의 감성을 해칠 수도 있을 것이며, 사회를 저속화시킬 것이라는 점

을 염려했다.[33] 이것은 또한 문명화된 사회가 공개적인 교수형을 금지하는 이유이기도 하다.[34]

비록 미국 텔레비전은 불필요한 폭력장면을 보여주는 데 좀 덜 주저하려 하지만, 대체로 늦은 밤 쇼를 제외하고 전면 노출장면을 방영하지 않으려 한다. 많은 텔레비전 방송국은 아직도 음란한 장면을 방송하지 못하게 하는 것에 불평한다. 그리고 주요 출판물들은 심한 공격적인 논평이나 공개적으로 증오심을 불러일으키는 글이나 논문(예를 들어 아프리칸 아메리칸들[35]은 열등하다고 주장하는 글들)을 게재하려 들지 않을 것이다. 의회에서 또 다른 의원을 인신공격한 한 의원은 공개 사과의 압력을 받게 될 것이며, 자신의 발언에 대한 속기록 삭제를 요청받게 될 것이다.

속어나 증오의 표현을 억제하려는 비공식적인 사회적 메커니즘에 크게 의존하는 것이 검열의 또 다른 형태라고 염려하는 사람들은 정부에 의해 강제된 표현에 대한 제한과 여러 미디어들이 자발적으로 따르기로 합의한 자율적 규제 사이의

33 Daniel Patrick Moynihan, "Defining Deviancy Down," *American Scholar* 62, no. 1 (1993) : 17–30.

34 James A. MacCafferty, ed., *Capital Punishment*(New York : Aldine Atherton, 1972), 43; Walter Berns, *For Capital Punishment*(New York : Basic Books, 1979).

35 역자 주 : 미국에 살고 있는 아프리카 출신의 사람들.

차이점을 주목할 필요가 있다. 첫째로, 특수한 텔레비전 방송이나 저널이 특수한 표현을 방송하거나 출판할 의무를 갖지 않는다는 점을 인정한다. 둘째로, 전 영역에 걸쳐 이루어지는 정부 통제와 달리 비공식적 통제는 항상 예외를 두고 있다. 예를 들어 적절한 표현을 위해 공동체에 의해 규정된 한계를 넘어야 한다고 강하게 느끼는 사람들이나 어떤 내용을 꼭 듣고자 하는 사람들의 강력한 요구에 부응하기 위해 "Village Voice", "Penthouse", "Soldier of Fortune" 등을 허용한다. 우리의 대부분이 그런 표현에 억제되어진다 하더라도 문제점을 보완할 만한 장치를 지니지 못하는 표현조차도 특정한 사람들에게 전달할 채널을 찾게 될 것임을 비공식적 메커니즘은 우리에게 확신시켜 준다. 이런 종류의 표현(말)은 일상적인 표현으로 수용되지 못하면서도 참을 수는 있지만 존경받거나 선호되어지지 않는 것으로 인식될 때 많은 유형의 표현방식을 이용할 수 있게 된다.

어린이들에 대한 보호는 부모나 교육자들에 의해 이루어질 수 있다. 예를 든다면 부모는 인터넷 폭력물이나 음란물에 어린이들이 접근하지 못하도록 하는 소프트웨어와 같은 기술적 보호장치를 이용할 수 있다. 어떤 기술적 보호장치는 부모들이 부적합하다고 판단되는 웹사이트에 접속을 차단시킨다. 또 다른 기술적 장치는 수간(獸姦 : bestiality)과 같은 웹사이트 내에 음란한 단어를 가지고 있는 사이트를 차단시킨다. 부모의 수고를 덜어주기 위해 가장 좋은 걸름장치는 승인된 사이트에만 접속할 수 있도록 제한하는 것이다. 이러한 사이트 걸름장치의 수요가 늘어남에 따라 부모들은 교회와 학교로부터 무해하고 유익한 웹사이트 목록을 내려받을 수 있을 것이다. 한 예로 http://www.moviemom.com에서 미노우(Nell Minow)가 운영하는 웹사이트를 참고하라. 그런 걸름장치가 학교 컴퓨터나 도서관의 어린이 전용 검색 컴퓨터에 설치되어야 한다.

정부를 위한 제한된 역할

시민 자유주의자들이 벌을 받을 만한 언표의 범주가 이미 존재한다는 이유로 제재를 받고 제재의 범주가 추가로 확장될 수 있음을 제안받게 될 때, 비록 자유로운 표현에 따른 희생자가 있다손 치더라도 자유로운 사회를 만들기 위해 치러야 할 대가라고 시민 자유주의자들은 항변한다.

미국 수정헌법 제1조에서 예외조항을 인정하는 기본적인 논리가 무엇이며, 그 예외와 그밖의 다른 것을 경계하는 구획선을 무엇이 규정하는가? 그 말(표현)의 결과 때문에 어떤 표현에 벌을 주는 것이 정당화된다고 할지라도 어떤 말이나 표현을 금지시키는 것이 향후 훨씬 더 많은 것들을 금지시키는 빌미를 제공할 것이기 때문에 수용하지 않을 것이라는 데 자유주의자들이 관심을 기울이는 한 이 구획선은 아주 중요하다. 이는 종종 속임수의 위험성으로 비쳐지기도 한다.[36]

언론(표현)의 자유를 보장해 주어야 하지만 불이야 하고 허위로 외치는 것도 무방하다는 이야기는 아니다. 그러나 상관관계는 확률에 기초한 것이지 확신에 근거하지 않은 것임을 주목하자. 사람들이 불이야 외칠 때마다 사람들이 대피하기 위해 미친 듯이 달아날 것이라고 아무도 주장하지 않는다. 다만 상대적으로 높은 확률의 가능성만 있을 뿐이다.

실제로 묵인되는 약간의 다른 유형의 표현도 이 범주에 들어갈 수 있으며, 따라서 금지될 수도 있다. 이런 사례에 해당하는 말로 연방 정부 직원을 향해 총을 가장 잘 쏘는 방법에 대해 자신의 청중에게 설파했던 리디(G. Gordon Liddy)의 연설이 있다. 그 연설에서 "연방 정부 직원들은 방탄조끼를 입고 있기 때문에 총을 머리에 겨눠 쏴야 한다"고 그는 말했다.[37] 이런 표현은 살인을 조장할 수 있기 때문에 금지하여 마땅한 것이다.

동일한 준거에 의거하여 "북아메리카 성인-소년 사랑 동아리(North American Man-Boy Love Association)"같이 어린이들을 유인하는 방법에 대해 정보를 교환하는 모임을 금지시켜

36 Douglas N. Walton, *Slippery Slope Arguments*(New York : Oxford University Press, 1992).

37 G. Gordon Liddy, *G. Gordon Liddy Show*, WJFK-FM, 26 August 1994.

야 할 것이다. 그러나 그러한 강제적인 금지사항들이 도덕적 질서를 보호하는 중요한 도구가 아니어야 한다.

간단히 말해 공동체는 표현의 자유나 언론의 자유에 대한 모든 주장들에 굴복하지 말아야 한다. 검열을 하지 않고도 증오, 폭력, 혐오감을 주는 표현 등에 제한을 가하는 방법이 모색될 수 있다.

제4장

작지만 적극적인 정부

정부의 핵심적인 요소

국가는 작아야 하지만 국가적 차원에서 해야 할 과제를 갖고 있다. 레이건(Ronald Reagan) 정부, 부시(George Bush) 정부, 클린턴(Bill Clinton) 정부 기간 동안 시장은 지나치게 비대해졌고, 어느 정도 통제의 필요성이 제기되었다. 높은 수준의 공공의 안전은 좋은 사회의 최소 조건이다. 시장 자체가 지나치게 과대해졌고, 어느 정도까지 통제할 필요성이 제기되고 있다는 여러 경고음이 들리고 있다. 현안의 두 가지 중요한 사례는 보건복지와 프라이버시 문제이다.

1990년대에 걸쳐 미국은 국민 건강을 위해 영리회사인 건강관리기구(Health Maintenance Organizations)에 더욱 더 의존하게 되었다. 그렇게 됨으로써 비영리단체나 국가의 역할이 상대적으로 감소하게 되었다. 한동안 건강관리기구(HMO)는 의료비용 지출을 줄이면서 경영진에게 고임금을 지급하고 주주들에게 많은 배당금을 지급해 주었다. 그러나 대다수의 시민들은 이런 형태로 운영되는 건강보호 정책이 많은 문제를 야기하고 있음을 인식하고 있으며, 여론 조사에서도 그렇게 나타나고 있다. 결과적으로 미국의 민주당과 공화당 양당은 새로운 정부규제 정책을 도입함으로써 건강관리기구(HMO)가 환자에게 할 수 있는 영역에 제한을 두고자 한다. 그것의 일환으로 기구의 통폐합이 있을 수 있고, 환자의 권리선언으로서 언급되기도 한다.

또한 1990년대 후반 들어 프라이버시는 훨씬 더 심각한 위험에 처하게 되었고, 공적인 가장 뜨거운 관심사 중의 하나가 되었다. 대부분의 프라이버시 침해는 과거에 주범이었던 독재자(Big Brother)에 의해 이루어지는 것이 아니라, 선택된 이익을 목적으로 하는 회사인 대기업(Big Bucks) 등에 의해 이루어진다. 그러므로 미국의 민주당과 공화당은 최근 들어 의료와 금융분야의 프라이버시를 포함한 다른 형태의 프라이버시를 보호하기 위한 새로운 정부규제를 도입하고자 서두르고 있다.

특별위원회에 의한 통치를 피하기 위해 우리는 정부의

적절한 역할을 규정하는 체계적인 계획에 따라야 한다. 그러므로 때때로 공격적인 시장을 이끌었던 1990년대의 정책 변화를 수정하려 할 때, 반대 방향으로 과도하게 바꾸지도 않고 큰 정부로 복귀하지 않도록 해야 한다. 다음에서 정부의 역할에 대해 간단하게 논의될 것이다. 정부의 역할은 우리에게 친숙한 것이긴 하지만 각각 영역에서 우리는 새롭고 중도적인 방안을 모색해야 한다.

공공의 안전 : 사적인 분야에 대한 더 큰 책임

공공의 안전은 아무리 강조해도 지나치지 않는다. 폭력범죄에 노출되는 것은 인간을 목적으로 대우하는 것과는 거리가 먼 이야기이다. 특히 총기의 사용은 인간을 완전한 인간으로서 대우하는 것과 거리가 멀다.

공공의 안전에 대한 주요한 책임은 국가가 져야 한다. 최근 들어 미국 사회는 점점 더 사설 경찰에 의존한다. 국가 경찰보다 사설 경찰이 약 두 배 정도 많다. 1988년에 사설 경호원의 수가 1,026,723명이었다. 반면에 국가 경찰수는 445,632명에 지나지 않는다.[1] 그동안 영리 목적의 교도소와 교화소의 실질적 증가가 있어왔다. 1990년과 1996년 사이에 사설 교도소에 감금된 성인들의 수가 약 5.6배 정도 증가했다. 전체적인 재소자의 수는 같은 기간 동안 1.5배 정도 증가했다.[2]

공공 안전의 사설화 경험은 더 강력한 국가 규제를 필요로 하고 사설 교도소에 대한 더 면밀한 조사를 요구한다. 이익을 높이기 위하여 사설 감옥은 자격미달의 교화원을 고용하고 죄수들을 이동하기 위한 불안전한 방법을 이용하기도 한다. 그리고 사설 교도소는 지속적으로 재소자에 대한 학대를 가하여 왔다. 일부 사유시설들을 정부가 대신 맡는 경우가 생겨나고 있다. 예를 들어 미국의 루이지애나 교화당국은 사설로 운영되는 주브나일(Jena Juvenile) 교도소의 교도관이 재소자로부터 기본 생필품을 갈취하고, 서로 싸운 재소자들에게 벌금을 물린다든지, 재소자를 강간한다든지, 마약을 거래한다든지, 자살을 기도한 10대의 재소자를 못 본 체했다는 등의 이유로 비난

1 U. S. Bureau of Labor Statics, "National Industry–Occupation Employment Matrix," 1999. ftp://ftp.bls.gov/pub/special.requests/ep/IND–OCC.Matrix Occ_PDF/OCC0514.df and ftp://ftp.bls.gov/pub/special.requests/ep/IND OCC.Matrix/Occ_PDF/OCC0524.pdf. 2000년 8월 15일 웹서치의 결과이다.

2 Charles Thomas, "Ten Year Growth in Rated Capacity of Private Secure Adult Correctional Facilities," Private Adult Correctional Facility Cencus. http://web.crim.ufl.edu/pcpcencus/1999/Figure1.html에서 2000년 8월 14일 웹서치의 결과이다. U.S. Bureau of Justice Statics Correctional Surveys, "Correctional Populations in the United States 1996," 1999. http://www.ojp.usdoj.gov/bjs/glance/corr2.txt. 2000년 8월 15일 웹서치의 결과이다.

받은 후 그 교도소의 운영권을 정부가 넘겨받았다.[3]

사설 교도소에서 생겨난 심각한 문제가 루이지애나의 독특한 문화를 반영한 것인지, 아니면 이런 사업의 성격에 부적합한 그런 회사의 속성 때문인지 분명하게 말할 수는 없다. 사실 사설 교도소는 오하이오, 텍사스, 뉴멕시코를 포함한 많은 다른 주에서도 큰 어려움에 봉착해 있다. 만약 우리가 재소자들을 이익을 목적으로 하는 사설 교도소에 계속해서 맡긴다면, 우리는 사설 교도소에 대한 새로운 공적인 권위 있는 기관이나 이런 임무를 부여받은 특별위원회 등을 통해 철저한 감시를 해야 한다.

동시에 공동체는 공공의 안전을 증진할 국가의 능력을 감시할 더 많은 기회를 갖도록 해야 한다. 로스앤젤레스 시로부터 뉴욕 시에 이르기까지 경찰 만행의 사건들은 경찰들이 스스로를 통제할 만큼 충분히 엄격하게 행동하지 않았다는 것을 보여주고 있다. 많은 도시에서는 경찰관들이 시민들을 잔혹하게 다루었는지 아닌지를 입증하기 위한 시민 재조사 위원회를 요구한다.

시장이 공적 통제로부터 자유를 추구함에 따라 최근 들

3 Steve Ritea, "Jena Jail Doomed from Start, Experts Say, Profit Motive Blamed for Poor Conditions," *New Orleans Times–Picayune*, 30 April 2000, A1; Fox Butterfield, "Company to Stop Operating Troubled Prison," *New York Times*, 27 April 2000, A21.

어 여러 사례에서 대규모로 시장지향적 사고들이 공공의 안전을 해치는 경향이 있다. 예를 들어 "확장을 위한 기업가들(Businessmen for Proliferation)"이라는 제목으로 『위클리 스탠다드(*Weekly Standard*)』라는 보수적 저널은 다음과 같은 사실을 보고하고 있다. "기업의 로비스트들은 파키스탄이 핵무기를 탑재할 수 있는 장거리 미사일을 개발하는 것을 돕지 못하도록 중국에 압박을 가할 목적으로 중국과의 거래에 제한을 두는 것조차 무력화시키려고 노력하고 있다."[4] 『월스트리트 저널(*Wall Street Journal*)』에 따르면, 국가 안보 기밀이 로스알라모스(Los Alamos)와 그밖의 다른 지역에서 너무나 허술하게 보존되고 있는 한 이유는 미국의 계약자들이 안보의 요구사항을 지키며 살아가기란 너무 비용이 들고 힘겹다는 것을 잘 알고 있기 때문에 안보요구 수준의 완화를 강력하게 요구했다는 것이다.[5]

국가가 시장에 대한 족쇄를 풀음으로써 이익을 얻었던 시대에 돈 버는 일이 국가 안보에 대한 고려보다 더 우선시되었던 경우가 있다. 또 다른 예로 다른 나라에 극비의 암호화된 소프트웨어를 수출하는 것과 중국에 첨단 미사일 유도체계를

4 "Businessmen for Proliferation," *Weekly Standard*, 17 July 2000, 3.

5 Neil King Jr., "Case of Lost-and-Found Disk Drives Demonstrates Weakness of U.S. Systems for Protecting Secrets," *Wall Street Journal*, 5 July 2000, A24.

판매하는 것 등이 이에 해당되며, 이 때문에 불량국가들에게 대량살상무기의 기술이 쉽게 이전될 수 있는 것이다. 더 나아가 미국 회사들은 1988년과 1998년 사이에 중국에 150억 불 이상의 전략적 물자를 수출했다. 수출품의 절반 이상이 핵무기를 설계하고 시험하는 데 사용될 수 있으며, 발사로부터 발사 이후의 충격에 이르기까지 미사일 성능을 모의 시험할 수 있는 고성능 컴퓨터들이다. 미국의 정보당국에 따르면, 예를 들어 중국은 이란, 이라크, 인도, 파키스탄 등에 수출할 군사무기 수출품에 연료를 공급하기 위해 미국에서 수입한 부품들을 활용했다.[6]

하나의 급박하고 중대한 사례인 미국 핵 농축회사(United States Enrichment Corporation : USEC)[7]는 광범위한 세심한 조사를 더 이상 요구하지 않았으며, 핵 농축의 사기업으로의 전환을 반대하는 분명한 요구도 거의 나타나지 않고 있다. USEC의 과업은 미국과의 무기통제 협약에 따라 해체된 미사일로부터 수거된 무기급 우라늄을 러시아로부터 사오는 일이다. 이런 식으로 미국은 폭탄을 만드는 물질을 국제시장에서 유통되는 것을

---

6 Wisconsin Project on Nuclear Arms Control, *U.S. Exports to China, 1988–1998 : Fueling Proliferation*(Washington, D.C. : The Wisconsin Project on Nuclear Arms Control April 1999).

7 공기업 성격의 미국의 핵농축 회사가 민영화된 이후 핵농축이 개인 회사의 업무영역으로 전환되었다.

막고자 한다. USEC의 과업은 그 우라늄을 상업적 원자로의 연료로 전환시킨 후 그것을 되파는 일이다. 그런 일이 "메가톤(megaton)[8]에서 메가와트(megawatt)[9]로"라는 슬로건 하에 이루어진다. 그 회사는 1998년에 민영화되었으며, 그때 이래 많은 어려움에 봉착해 왔다. 비록 그 회사의 경영진이나 주주들은 최대의 노력을 기울여 보았지만 그 회사는 정부에 의한 긴급구제조치를 받기 위해 의회로 계속해서 달려간다. 그 회사는 최근 들어 회사의 경영폭을 축소했고, 많은 근로자들을 해고했다. 정부의 입장과는 반하면서도 그 회사는 비용을 줄이기 위해 주요 우라늄 농축 공장 가운데 하나를 폐쇄시킬 것을 계획하고 있다. 미국 정부는 USEC가 러시아와 무기통제 협상을 충족시킬 미국의 영향력을 떨어트리지 않을까 조바심하고 있다. 미국 하원의원인 스트릭랜드(Ted Strickland)가 이끄는 많은 입법자들은 USEC에 대한 철저한 정부의 조사를 요구하고 있으며, 정부가 우라늄 농축사업을 도로 가져와야 한다는 요구를 심각하게 고려하고 있다.[10]

8 역자 주 : TNT 100만 톤에 상당하는 폭발력을 의미한다.

9 역자 주 : 전력의 단위로서 100만 와트를 의미한다.

10 미국 민주당 하원 의원인 스트리크랜드(Ted Strickland–오하이오)가 1999년 11월 5일 하원 의원 앞에서 행한 연설의 내용이다. "Critics Question USEC's Request for $200 Million." http://thomas.loc.gov/cgi-bin/query/D?r106:1:./temp/~r106BsCEEq::.에서 2000년 5월 10일 웹서치의

특수한 사건들의 경우 상당한 견해 차이가 있을 수 있지만 새로운 행정부가 그 문제에 대한 체계적인 검토를 충분히 잘 할 것이라는 기대를 한다. 그러한 검토는 관료들의 조사능력 강화를 충족시켜 주어야 한다. 그들이 하는 일은 미국과 그 동맹국의 안보를 크게 위협할 수 있는 무기, 특수물자, 소프트웨어의 수출을 조사하고 금지시키는 일이다. 관료들은 기업과 연대하여 확실히 국가 안보를 크게 해치지 않으면서도 계속해서 황금알을 낳을 수 있는 방법을 모색할 수 있어야 한다.

처벌에 대한 확신의 증대와 형기의 단축

다음 10년 동안의 중요 목적은 법을 어기는 사람은 반드시 체포될 것이며, 체포된 사람은 재판을 받고 형을 살 것이라는 확신을 심어주는 것이다. 그런 확신과 함께 형기의 감축과 고통의 감소를 허용해 주는 것이다. 동시에 이런 확신의 증

결과이다. 언론 보도내용을 보려면 다음을 참고하라. Jonathan Riskind, "Piketon Workers Wary of Government's Offer," *Columbus Dispatch*, 9 May 2000, 5A ; James Carroll and James Malone, "Safety Data Erased at Uranium Plants, Records Show US Didn't Clear Firms' Actions," *Louisville(Kentucky) Courier Journal*, 30 April 2000, 1A.

대는 공공의 안전을 증대시킬 것이다. 그 결과 죄수들에 대한 더 인간적인 대우와 갱생의 기회를 확대시켜 줄 것이며, 공적 비용을 감소시켜 줄 것이다. 이러한 것들이 좋은 사회로 나아가는 길인 것이다. 그렇게 해야만이 공공의 안전을 증대시킬 수 있을 것이다.

이러한 접근은 세심한 검토를 요구한다. 범죄를 저지를 가능성이 있는 사람들은 수학적인 형태의 두 변인들이 서로 연관된 두 개의 요인들에 의해 억제된다. 즉, 체포되어 처벌받을 확률(Pr)에 따라 증대되는 형벌의 양(size of penalty(Pe))은 공공의 안전과 비례한다. 고수준의 공공의 안전은 둘 중의 어느 하나를 높임으로써 확보될 수 있다. 범인이 체포되고 처벌받을 확률(Pr)이 형벌의 양(Pe)보다 더 저렴하게 든다면 처벌받을 확률(Pr)을 증대시키는 것이 훨씬 더 좋다. 더 나아가 처벌받을 확률(Pr)의 증가가 형벌의 양(Pe)의 증가보다 훨씬 더 효과적이라는 것을 여러 데이터가 입증해 준다면 이 사실만으로도 다가오는 미래에 형벌의 양(Pe)보다 오히려 체포되어 처벌받을 확률(Pr)을 증가시키려 할 충분한 이유를 제공해 준다.[11]

이것이 현재의 조건은 아니다. 지난 몇 년에 걸쳐 범죄를 저지르는 사람이 체포되어 재판받고 복역을 할 확률이 높아

---

11 Jeffery Grogger, "Certainty Versus Severity of Punishment," *Economu Inquiry* 29 (April 1991) : 297–309.

지긴 했지만 여전히 아주 낮다. 살인자는 다른 범죄자보다 죄값을 치를 가능성이 훨씬 더 높다. 미국의 경우 살인 범죄의 47%만이 체포되어 처벌받고 있으며,[12] 다른 범죄, 예를 들어 강도범의 1.7% 정도만이 체포되어 처벌받는 수준이다.[13] 이런 저런 수치들이 등장할 수 있겠지만(예를 들어 보고되지 않은 살인사건은 그 안에 반영되지 않았다) 여기서 나타난 일반적인 통계치는 사실이다. 즉, 예비 범죄자들이 형벌의 강도를 증대시키기보다는 수형기간에 의해 처벌받게 될 가능성 때문에 범행이 억제될 것이라는 개연성의 주장에 상당한 개선의 여지가 있다.

사실 법을 어긴 사람에 대한 처벌은 질서 있고 정의로운 사회를 위해 불가피한 조치이다. 그러나 범인들에 대해 반드시 체포되어 처벌받을 것이라는 확신의 증대가 좀더 짧은 수형기간과 결합된다면 처벌에 대한 확신과 수형자에 대한 비인간적인 대우를 완화시키는 방식과의 바람직한 조합을 모색할 수 있을 것이다.

여러 죄 없는 사람들이 형장의 이슬로 사라졌다는 최근의 새로운 증거, 사형제도와 극형이 범죄 억제효과에 대해 회의적이다라는 시각, 실제로 모든 시민사회가 극형을 포기했다

12 Patrick A. Langan and David P. Farrington, "Crime and Justice in the United States and in England and Wales, 1981–1996" (Washington, D.C. : Government Printing Office, October 1998).

13 Ibid.

는 사실을 감안한다면 우리는 사형집행을 가능하면 연기해야 한다. 사형에 관한 주장을 검토하고, 사형이 집행되는 방식을 검토하고, 항소가 어떻게 처리되는지를 검토하기 위해 새로운 연구가 수행되어야 한다. 사형집행의 유예는 자유주의자들 뿐만 아니라 로버트슨(Pat Robertson)과 일리노이즈 주지사인 라이언(George Ryan)을 포함한 일부 공화당 주지사들에 의해서 지지를 받고 있다.[14] 사형의 존속을 범죄 억제를 위한 선출직 관리들의 실천의지에 대한 정치적 시험으로 여기는 것은 모든 인간을 목적적 존재로 대우하는 좋은 사회로의 진행과는 절대로 양립할 수 없다.

만인을 위한 넉넉한 기본적인 최저 생활수준

모든 인간을 목적적 존재로서 대우하라는 핵심적인 의미는 그들의 행위나 성취와 관계없이 기본적인 최저 생활수준(basic minimum standard of living)을 보장해 주는 것이다.[15] 단지

---

14 Clarence Page, "Ranks of Death Penalty Critics Growing," *Houston Chronicle*, 18 April 2000, A18.

15 Stephen Nathanson, *Economic Justice*(New York : Prentice Hall Academic 1998).

인간이라는 이유만으로도 모든 사람은 최소한의 인간적인 삶을 보장받기 위하여 의식주를 비롯한 기본적인 보건혜택을 받아야 한다.[16] 반사회적 방식으로 행동하는 사람들이나 자신의 사회적 책임을 다하지 않는 사람들은 그들의 부모 때문이든 체제 때문이든, 가난하게 자랐든 인격적 결함 때문이든 관계없이 우리가 재소자나 전쟁포로, 심지어 애완동물에게 제공하는 기본적인 생활필수품을 지급받는다.

기본적인 필수품(요소)을 제공해 주는 것은 일할 능력이 있는 대부분의 사람들에게 노동의욕을 약화시키지 않을 것이다. 일부 사람들이 이런 시스템을 악용하는 경우도 있겠지만 모든 사람의 기본적인 인간 삶을 보장하기 위한 최소한의 비용이라고 생각해야 한다. 정신질환자, 알코올 중독자, 어린 아이가 딸린 어머니를 길거리로 내모는 것이나 그들을 위한 비용을 삭감하는 일은 인간을 목적으로 대우하라는 명제와 결코 양립할 수 없다. 예를 들어 집이 없는 정신질환자는 안전하게 치료받을 수 있는 공동체를 제공받고, 치료시설에서 퇴원 후에 확실하게 그를 돌보아 줄 가족을 필요로 한다. 그렇지 않으면 그 환자는 다시 정신질환 치료시설에 입원해야 한다. 공공 정책에서 그러한 변화는 인간 존중을 위해서도 중요하며, 공동체 모든 구성원의 안전하고 질서 있는 생활을 위해서도 아주 중요하다.

16 Ibid.

1990년대 동안 사정이 안 좋아 개혁의 필요가 있었던 복지체제가 개편되었다. 그러나 지난 20세기 말에 우리는 논란의 여지가 있지만 지나치게 뜯어 고친 개악의 분명한 사례를 보게 된다. 그 개혁은 완전히 일부 사람에 대한 복지비의 전액 삭감을 포함하고 있다. 지원금을 줄이는 것이 아니라 완전히 없애버렸다. 그리고 현금지원뿐만 아니라 식량 쿠폰, 저소득층 어린이를 위한 의료보험 지원도 완전히 없애버렸다. 만약 우리가 좋은 사회의 기본적인 특징을 존속시키려 한다면 조만간에 이러한 개악을 다시 고쳐나가야 한다. 어느 정도의 복지혜택이 노동의욕을 떨어뜨리지 않을 것인지, 그리고 반사회적 행동을 억제시킬 것인지를 심사숙고할 필요가 있다. 예를 들어 현금을 지급하는 것이 반드시 국가가 제공하는 종합대책의 한 부분이 되지는 않을 것이다.

이 책(NEXT)의 초안을 검토했고 이 책이 추구하는 접근에 아주 공감했던 두 동료는 다음의 문제에 대해 의견이 엇갈렸다. 하나의 수혜받을 권리로 복지를 귀의시키고자 하는 것은 과거의 자유주의 정책으로 복지의 가능성을 열어놓을 것이라는 점을 한 사람이 염려했다. 다른 사람은 복지를 제공하는 것이 자못 근로의욕을 저하시킬 것이라고 걱정했다. 그러나 이러한 관심은 사람들이 행했거나 행하지 않은 것 때문이 아니라 인간 본래의 가치 때문에 기본적인 최소 생활수준이 보장되어야 한다는 기본적인 신념에 도전하기보다는 기본적인 수준을 과도하게 확장하는 것을 방지하려는 분명한 기준점과 제공된 복지수당의 수준과 종류에 초점을 맞추고 있는 것처럼 보인다.

모두를 위한 건강보험

미국 사람들의 대부분은 가난한 사람들에게 현금을 주기보다는 음식, 옷, 집을 제공해 주어야 한다고 생각한다. (그렇게 제공된 것이 얼마만큼 값싼 것이어야 하는지 비싼 것이어야 하는지에 대한 폭넓은 합의에 도달하지 못하였다.) 유감스럽게도 모든 사람들이 기본적인 의료 서비스를 받을 권리가 있다는 생각은 아직 광범위하게 수용되지 않고 있다.

좋은 건강상태를 유지하지 않고서 다른 부분에서 의미 있는 삶을 살아가기란 현실적으로 불가능하다. 좋은 사회는 국가를 통해 직접적으로든 간접적으로든 모든 국민들에게 기본적인 건강보험을 제공할 수 있어야 한다. 포괄적인 의료보험을 제공해 주는 것은 애초부터 정치적으로 불가능할 수 있다. 예를 들어 다른 질병의 치료와 비슷한 수준으로 정신질환의 치료나 치과치료가 충분히 이루어지지 않는다고 불평하는 것은 비판을 받을 수 있다. 그러나 힐러리 클린턴(Hillary Clinton)이 지적했던 바와 같이 모든 질병을 커버하는 종합적인 의료보험 정책을 착수하려는 시도는 정치적으로 실현 불가능할 수도 있다. 그러나 만약 우리가 정말로 좋은 사회로 진입하려 한다면 모든 사람들에게 최소한의 의료혜택을 제공하는 일을 더 이상 미루지 말아야 한다.

최소한의 의료 서비스 분야를 정하는 일은 복합적이고 광범위한 고려를 통해 이루어져야 한다. 의료 서비스에 생명을 구하는 일은 최우선적으로 포함되어야 할 것이지만, 증상을 완화시키는 것과 같은 의료조치는 개인적인 일로 맡겨두는 것이 한 방법일 수 있다. 그러나 통증을 연구하는 사람은 익히 알고 있는 바와 같이, 만약 고통받고 있는 환자가 가치 있는 삶의 대부분을 박탈당하지 않는다면 심각한 통증을 완화시키는 조치는 확실히 필요할 것이다. 가장 기초적인 의료 서비스 분야에 무엇을 포함시킬 것인가에 대한 협의를 통해 오래건(Oregan) 주에서는 제공된 의료비용과 급부금(給付金)에 따라 688종류의 의료 우선순위를 정해놓았다. 그 중 568번 이상에 있는 환자들에게 치료비용을 부담시키지 않기로 결정했다. 이것이 올바른 기준점인지 여부는 그 계획에 대한 상세한 검토 없이 이루어져서 안 되는 것이다. 그러나 무엇이 포함되어져야 할 것인지에 대한 논의는 특수한 전문영역이므로 이 분야의 전문가들에 의해 이루어질 수밖에 없음을 보여주고 있다.

더욱 더 일반적인 차원에서 의료 서비스는 사적인 영역의 과도함을 통제하는 데 정부가 더욱 더 적극적으로 관여해야 할 영역이다. 어떤 형태의 환자의 권리선언도 이런 목적에 기여할 수 있다. 이것이 최선의 방법인지 여부에 대해서는 논란의 여지가 있다. 어떤 결정을 내리든 간에 사람들을 목적으로서 대우하는 것과 영리의 수단으로 삼는 것 사이에는 늘 긴장이 있을 수밖에 없다. 의료 서비스는 항상 영리의 원천이 될 수 있다. 그러나 최근 들어 환자를 인간적으로 잘 돌보는 일이 크게 위협받고 있다. 환자를 돈벌이의 수단으로 생각하는 것과 휴머니즘 차원에서 동료 인간으로 대하는 것 사이의 적절한 균형을 맞추는 일은 앞으로 정부가 해야 할 중요한 과업임에 틀림없다.

공중보건

국가는 공중보건을 책임지고 있다. 공중보건에는 물과 음식이 암을 일으키지 않도록 잘 관리하는 활동을 포함하고 있으며, 늘 환자와 함께 살고 있는 공동체의 초미의 관심사인 전염성 질병의 확산을 예방하는 활동을 포함하고 있다. 가까운 미래에 의료비용을 줄이는 가장 좋은 방법은 예방조치와 활동을 증대시키는 것이다. 건강문제에 대한 자신의 생활 스타일을 변화시키기 위해 어디에 상대적 중요성을 둘 것이냐의 연구에서 상이한 결론이 나왔다. 자유주의자들은 자연적 · 사회적 환경변화의 중요성을 강조하는 반면에, 보수주의자들은 건강하지 못한 습관의 변화를 강조한다. 그렇긴 하지만 폐암을 치료하는 일보다 담배를 끊음으로써 폐암을 예방하는 것이 훨씬 더 인간적이고 효과적이라는 연구에는 별 관심을 기울이지 않는다. 그리고 총기 희생자를 치료하기보다 길거리에서 총기를 몰아내는 것이 더 인간적이고 효과적이라는 사실을 인식하는 데 역시 별로 노력을 기울이지 않는다. 사실 다른 경우에서도 예방과 결과 사이의 관계는 위의 사례에서처럼 그렇게 강력하지 않다. 그럼에도 불구하고 만약 우리가 일이 벌어진 후 치료하는 것보다 가능한 한 예방조치에 관심을 보이고 투자를 한다면 훨씬 더 큰 이익을 얻을 수 있을 것이다.

여러 현장 연구를 통해 훨씬 더 많은 시사점을 얻게 된다. 예를 들어 개인의 건강실천 습관과 평균수명에 대한 과거의 연구를 통해 볼 때 좋은 건강습관은 평균인들의 수명을 11년 정도 연장시킬 수 있지만 병의 치료를 통해서는 3.5–4년 정도 연장하는 데 그친다.[17]

---

17 Nedra B. Belloc, "Relationship of Health Practices and Mortality," *Preventive Medicine* 2(1973) : 67. 또한 다음을 참고하라. John P. Bunker, Howard S. Frazier, and Frederick Mosteller, "The Role of Medical Care in Determining Health : Creating an Inventory of Benefits," in Benjamin C. Amick, Sol Levine, Alvin R. Tarlov, Diana Chapman Walsh, eds., *Society and Health*(New

예방의학과 건강한 습관을 기르기 위해서는 다음의 사항을 인식하고 실천해야 한다.

- 모든 임산부들은 태아 건강 프로그램에 참여해야 하며, 모든 어린이들이 면역체계를 갖추어야 한다는 것을 확신시키기 위해 보건당국은 필요한 자원과 행정력을 총동원해야 한다.
- 청소년을 대상으로 한 금연 프로그램과 캠페인이 강화되어야 한다. 젊은이들에 의해 기획된 캠페인이 특별히 효과적이며, 국가 전체, 더 나아가 전 세계로 그 캠페인이 확산되어야 한다. 담배를 미성년자에게 팔지 않는다는 사실을 10대들에게 분명히 확신시켜 주고, 10대 흡연자들에게 금연할 수 있도록 도와주는 것이 반드시 필요하다. 미네소타에 있는 표적시장(기업의 마케팅 계획의 표적이 되는 고객군)의 소리(Target Market Voice : TMVoice)와 같은 10대의 금연자 집단과 플로리다에 있는 금연운동 학생(Student Working Against Tabacco : SWAT)은 의미 있고 영향력 있는 캠페인을 이끌었다. 특히 SWAT는 1998년과 2000년 사이에 플로리다 주의 중학교 흡연 학생들 중에 54%가 담배를 끊도록 하는 데 기여했다.[18] 청

York : Oxford University Press, 1995), 321.

18 Florida State Department of Health, Office of Tobacco Control, 2000 Florida Youth Yobacco Survey Results, vol. 3, Report 1 (Tallahassee, Fla. : Florida

소년들에 대한 담배에의 접근을 원천 봉쇄해야 한다.

- HIV의 높은 감염률이 있는 사람들의 자발적인 검사가 강력하게 이루어져야 한다. 그리고 이전의 파트너와 미래의 파트너에게 검사결과를 꼭 알려주어야 한다. 이러한 조치는 법률적 의무보다는 도덕적 의무로 간주되어야 한다.
- 미국의 식약청(FDA)은 이익추구 활동과 회사 자체적으로 이루어지는 약물검사를 중단해야 한다. 그렇지 않으면 불안전하고 비효율적인 약을 승인할 수도 있다. 특히 생명을 앗아가는 것을 포함한 심각한 약 효능 때문에 최근 들어 회수된 약 중에는 당뇨병을 위한 레쥴린(Rezulin), 심장병을 위한 프레팔시드(Propulsid), 진통제로서의 듀랙(Duract), 심장병 치료를 위한 파시커(Posicor), 다이어트 약으로서의 레덱스(Redux), 항염증제로서의 펠덴(Feldene) 등이 있다. 약의 효능 검사는 공공 비용이나 제약 선전비용에서 각출된 돈으로 운영되는 비영리단체나 기구에 의해서 실시되어야 한다. 제약회사도 이런 단체에 영향력을 행사하지 않도록 해야 함은 물론, 이 단체에 영향력 행사를 위한 기부행위를 엄격히 금지해야 한다. 또한 제약회사들의 FDA에 대한 영향력을 봉쇄해야 한다.

Department of Health, 2000) ; "Teens Are Heading Anti-Smoking Ads," editorial, *Tampa Tribune*, 25 March 2000, 2.

- 제약회사들은 약 광고에 투입하는 비용을 줄여야 한다. 제약회사들이 약 광고에 수백억 달러를 쓰고 있다. 예를 들어 1999년에 약 광고에 약 140억 불을 쓰는 데 반해 연구개발에는 고작 수십억 불을 투입하고 있을 뿐이다. 왜냐하면 광고된 약 효능은 꼭 필요한 것도 아니기 때문이다. 그러한 의약품 선전이 약의 오남용을 유발할 수 있고, 약에 대한 의존을 더 심화시키며 약값 상승을 부추긴다. 약에 대한 정보는 전문가들이나 비영리기관들, 공중보건학교들에 의해 대중에게 전달되도록 해야 한다.[19]
- 개인에게 짐만 되고 별 효과도 없는 운전자 교육에 더 많은 자원을 투자하는 대신에 만약 안전한 자동차와 도로가 건설된다면 많은 환자들이 줄어들 수 있고 수십억 달러뿐만 아니라 수많은 사람들의 생명을 구할 수 있을 것이다. 운전면허 갱신 조건들을 엄격하게 운영한다든지 교통법규를 잘 준수하도록 트럭 운전사를 더 잘 규제하든지 도로에서 음주운전자를 추방하는 것 등이 함께 요구된다.
- 가정에서 총기 추방, 총기에 대한 광범위하고 철저한 규제

19 이 정책적 제안을 제시할 때 나는 조지타운 대학교의 메디컬 센터의 우슬리(Raymond Woosley)의 아이디어에 큰 영감을 받았다. Wood, Michael C. Stein, and Raymond Woosley, "Making Medicines Safer : The Need for an Independent Drug Safety Board," *The New England Journal of Medicine* 339, no. 25 (17 December 1998) : 1851–1854.

등이 이루어져야 한다. 그런 총기규제의 필요성이 좀더 적은 공적 비용으로 생명을 구하고 부상을 방지하는 가장 중요한 방법임을 미국 의료조합(American Medical Association)에 의한 지속된 연구에서 제기되어 왔다.

요약하면 질병을 치유하는 일은 엄청난 공공 지출을 투입해야 할 뿐만 아니라, 개인적으로 아플 때 자신의 완전한 잠재성을 실현하는 것 역시 불가능하다. 대규모의 예방 의료조치들은 지금까지 치료비용을 줄이고 건강한 삶을 영위하는 최선의 방법이기도 하다.

환경보호

환경은 공공 이익의 핵심적인 관심이다. 환경은 어느 한 사람이나 심지어 우리 인간 모두에게 속한 것이 아니다. 자연환경은 그것을 잘 향유하고 보존하도록 우리에게 맡겨진 것이다. 우리가 물려받은 자연을 최소한도 완전히 망가진 상태가 아닌 비교적 좋은 상태로 후손들에게 물려주어야 한다. 자연환경에서의 스튜워드십(책임감)을 위반하는 행위는 현 세대의 구성원뿐만 아니라 미래 세대의 구성원들을 목적으로서보다는 수단으로서 간주하는 것이다.

개인뿐만 아니라 정부도 환경에 대한 관심을 더 많이 기울여야 할 때이다. 군인들도 특별히 환경보호 정책에 공동 보조를 맞추어야 한다. 예를 들어 국가의 핵무기에 의해 오염된 환경을 복구하는 데 1,680억 내지 2,120억 달러 정도의 비용이 들 것이다. 비록 사기업들도 지하 연료 탱크의 누수를 막는 데 많은 돈을 쓰고 있다손 치더라도 국가나 지방 정부도 수천 개의 연료 탱크를 계속해서 운용하고 있으며, 그 과정에서 수백만의 사람들에게 깨끗한 물 공급을 위협하고 있다.[20]

비록 환경보호에 대해 여러 분야에서 큰 진전이 이루어지고 있다고는 하지만 그밖의 다른 분야, 예를 들면 오존층의 파괴, 수질오염, 수많은 유해 배기가스에 의한 공기오염 등이 심각하다. 현재도 자동차 연료의 고소비가 여전히 이루어지고 있다. 이러한 중요한 목적을 위하여 공공 지출의 확대를 요구한다든지 민간부분에 더 큰 규제를 부과한다든지 하는 것은 중도주의적 방법과 양립할 수 없다. 어느 정도 환경보호는 시장이익과 양립할 수 있으며, 새로운 직업과 기술개발의 원천이 될 수 있다는 것을 우리는 이미 잘 알고 있다.

앞으로 공동체를 참여시킴으로써 상대적으로 작은 공

20 관련된 언론보도는 다음과 같다. "Cost Estimates Rise for Nuclear Clean-up," *New York Times*, 20 April 2000, A16.

적 비용으로 환경보호를 확대하는 방식에 더 많은 관심을 기울여야 한다. 환경보호의 실천을 공동체 구성원의 사회 · 도덕적 책임의식으로 자리잡도록 하는 것이 제일 중요한 목적이다. 그 과정에서 가장 중요한 행동의 변화로 자원 재활용으로부터 자전거로의 전환이다.[21] 이것은 혁신적인 아이디어는 아니지만 여전히 좋은 미래를 위해 아주 중요한 것이다.

공동체의 약화보다 고양을

국가, 시장, 공동체 간의 파트너십을 유지하기 위하여 정부는 공동체를 고양시키는 일이 더욱 더 필요하며, 국가가 실패한 분야에서 공동체가 그 역할을 대신할 수 있도록 도와줄 필요가 있다. 그리고 정부는 공동체의 역할을 선점해 버림으로

21 환경보호와 그에 대한 정부와 민간부문의 역할에 대한 자세한 논의를 위해 다음을 참고하라. John DeWitt, *Civic Environmentalism : Alternatives to Regulation in States and Communities*(Washington, D.C. : CQ Press, Theodore and Louis Theodore, *Major Environmental Issues Facing the Twenty-First Century*(Upper Saddle River, N.J. : Prentice Hall, 1996). 그리고 친환경적 서적을 보려면 다음을 참고하라. Al Fore, *Earth in the Balance : Ecology and the Human Spirit*(New York : Plume, 1993).

써 공동체의 경직화를 초래하지 않을 것임을 분명히 인식시키는 데 많은 어려움이 있을 수 있다. 그러므로 국가는 사회적 서비스의 최초의 원천이 아닐 수 있다. 특히 원활히 운영되는 공동체가 있는 경우에 더더욱 그러하다.

소액대출, 어린이 보호, 질병치료, 카운슬링 등이 가까운 친척이나 가정, 지역 공동체, 자발적 결사체, 직장, 신앙에 기초한 집단 등의 구성원에 의해 가장 우선적으로 제공되어야 한다. 그러므로 국가가 사회적 서비스의 제1의 제공자일 필요가 없는 것이다. 국가는 공동체 집단이나 비영리단체의 협력과 경제적 지원 속에서 더 좋은 결과를 낳을 수도 있다.[22]

단 하나의 예를 들어본다면 최악의 정신병원은 국가에 의해 운영되는 곳이다. 그런 정신병원은 좋은 이유로 "뱀을 기르는 구덩이(Snake Pit)"로 언급되어진다. 벨뷰(Bellevue) 정신병원, 세인트 엘리자베쓰(St. Ellizabeth) 정신병원 등은 최악은 아니지만 오랫동안 아주 악명 높았다. 미국에서 상위 10위 안에 드는 정신병원 가운데 단지 하나만이 국영이고 나머지는 비영리단체에 의해서 운영된다. 미국의 최상위 10개 대학교 모두는 비영리 교육단체에 의해 운영되는 곳이다.[23] 미국의 사립 초등

22 추가적인 논의를 위해 다음을 참고하라. Stephan Goldsmith, *The Twenty-first Century : Resurrecting Urban America*(New York : Rowman & Littlefield Publishers, Inc., 1999).

학교, 중고등학교, 직업 사립학교 등이 공립학교보다 더 우수하다는 것은 널리 알려진 사실이다. 그러나 여기서 사립이라 함은 영리를 목적으로 한다는 의미가 아니다. 거의 모든 사립학교는 영리를 목적으로 하지 않는다. 사립학교는 종교집단이나 학교 이사회에 의해 운영된다. 마찬가지로 모든 유명한 심포니는 비영리단체이다. 미국 대부분의 우수한 교육적 · 문화적 제도나 기관은 정부기관이나 영리단체들에 의해 운영되지 않는다.

정부기관을 개선시키려는 우리의 노력이 연방 정부나 주 정부를 위한 시민참여 자문단을 통해 이루어져야 한다. 시민참여 자문단의 과제는 국가가 짊어진 짐의 일부를 나눠질 시민 자원봉사자를 결성하는 것이기도 하다. 시민참여 자문단은 또한 자원봉사자들의 도움을 받은 일반 시민들의 반응을 알아보고 피드백하여 적기에 도움을 주고 있는지를 점검해야 한다. 시민을 시민으로서 대우하는 것은 공동체주의적 접근과 훨씬 일맥상통한다. 모두가 알고 있는 바와 같이 공적 비용을 다 삼키고 거대한 새로운 규제를 초래하게 될 많은 비용이 드는 큰 정부로 복귀할 하등의 이유가 없다. 좋은 사회의 중도주의 입

---

23 America's Best Hospitals : Psychiatry," *U.S. News and World Report*, 17 July 2000, 107 ; "America's Best Colleges 2000 : Best National Universities," *U.S. News and World Report*, 30 August 1999, 88.

장에서 정부의 중요한 역할은 자유주의자들이 생각하고 있는 최소 정부로서의 야경국가로서의 역할을 뛰어넘어야 한다. 실로 지난 20세기의 수십 년 동안에 걸쳐 정부의 역할은 여러 분야에서 크게 줄어들었기 때문에 이제 그 역할을 더 강화해야 한다.

제5장

강하지만 너무 자유분방하지 않은 경제

좋은 사회는 시장에 상당한 자율성을 허용해야 한다. 경제적 복지(사회 구성원의 물질적 풍요)는 가까운 이웃사촌들과의 관계뿐만 아니라 익명성의 시장에 참여자로서 상호관계를 요구한다는 점을 인정한다. 좋은 사회는 오늘날 번영하고 지속적으로 변화하는 경제에 의해서 요구되는 도구적 관계[1]를 위한 여지를 허용한다. 더 나아가 도구적 관계가 경제적 성장, 생산적 노동, 적절한 투자를 방해할 정도까지 규제나 사회적 요구와의 관계에 짐이 되지는 않는다.

[1] 역자 주 : 도구적 관계란 조직 구성원들 간의 인간관계를 형식적이고 제한적이며 순간적이고 피상적인 기능 위주의 관계를 일컫는다.

서구 국가들이나 경제 개방화를 추구하는 나라들에서 최근의 경험은 경제적 · 사회적 · 인간적 목적이 과거에 자신들을 크게 억압했던 나라들에서 시장의 영향력을 마음껏 발산하는 것으로부터 달성된다는 주장이 이를 잘 뒷받침해 준다. 이것은 공산권 국가의 명령과 통제에 따른 경제뿐만 아니라 인도와 같은 가부장적 경제에서도 사실임이 밝혀졌다. 이는 서구 유럽의 많은 나라들에서 잘 적용된다. 그러나 시장이 합법적으로 얼마만큼 확장될 수 있는지를 나타내는 분명하고 절도 있는 경계선에 의해 시장의 영향력이 제한될 필요가 없다고 주장하지는 않는다.

번영하는 경제의 지속

잉여가치를 함부로 쓰는 일은 무책임하다

재정흑자의 기조를 유지하고 국가 채무를 줄이기 위해 흑자부분을 사용하는 것은 개인 자본의 비용을 낮게 유지하도록 도울 것이다. 그 결과 소비자를 대상으로 한 이익률이 낮게 나타날 뿐만 아니라 투자와 고용창출이 늘어날 것이다. 만약 커다란 세금감면과 막대한 정부지출로 재정흑자 부분을 소진하고 재정적자를 야기한다면 이는 대단히 무책임한 정책임에 틀림없다.

우리는 어느 정당이 더 많이 세금감면을 시켜줄 것인지, 더 많은 대출을 해줄 것인지, 더 많은 새로운 공공 프로그램과 선물 보따리를 제공해 줄 것인지 논의할 수는 있다. 그러나 한 가지 분명한 사실이 있다. 만약 예산상의 책임이 계속해서 미래 세대에 떠넘겨진다면 시민들은 이 문제를 큰 소리로 분명하게, 반복해서 거론해야 할 것이다.

기업복지의 축소

건전한 경제를 조성하는 환경은 공정한 경쟁을 장려하는 것이며, 공적 자산이 어떤 특정 경제주체에 유리하지 않도록 운용하는 것이다. 기업의 복지는 시장의 이율보다 싸게 어떤 기업이나 산업분야에 제공하는 대출, 특별한 세금감면, 면세의 연구개발비, 노동법의 예외적 적용 등의 유형으로 정부 보조금으로 이루어진 것이다.

클린턴 행정부가 빈민계층을 위한 복지 예산의 축소를 제안했을 때 노동부 장관인 라이시(Robert Reich)는 사회정의 차원에서 기업복지를 줄일 것을 제안했다. 중도주의 입장을 견지하는 행정부는 이런 자유주의적 노선에 큰 거부감을 갖고 있다.

대기업에게 공적 자산으로부터 많은 것을 얻을 수 있도록 해주면서도 사회적 약자층에게 제공하는 실업수당의 삭감이 불공정하다는 것을 차치하더라도, 기업의 복지가 건강한 경제환경과 양립할 수 없음을 우리는 분명히 인식해야 한다. 기업복지는 연구개발, 생산, 마케팅 등에서 훌륭한 성과를 낸 사람보다는 자신들의 입맛대로 정부에 가장 영향력을 행사하는 전략통의 사람들을 보상하는 것이다. 그런 사람들은 선거시 자기들의 입장을 관철시킬 후보자의 당선에 적극적으로 노력한다. 그러므로 가까운 미래에 정부가 사적인 분야에 보조금을 지급하는 수많은 방식들을 재검토하고 정치적으로 적합할 때마다 보조금을 삭감하는 데 중점적인 노력을 기울여야 한다. 이는 재정과 경제관료들이 최우선적으로 다루어야 할 과제이다. 그동안 국가의 보조금이 적재적소에 지급되지 않은 사례들이 너무 많았고 이에 대한 국가 · 사회적 부작용이 나타났기 때문이다.

인적 자원에 투자

초 · 중 · 고등학교에는 더 많이, 대학에는 더 적게

인적 자원의 개발이나 좀더 완전한 인간 존재를 육성하

기 위해서는 교육에 투자해야 한다. 인적 자원 개발과 완전한 인간육성 모두가 다 중요하다고 본다면 제기될 수 있는 문제는 희소한 교육자원을 어떻게 효과적으로 분배할 것인지에 대한 문제이다. 특히 정보화 시대에 경제를 강하게 유지하는 방법으로서 교육과 훈련에 대한 투자의 중요성은 재론의 여지가 없다. 정보화 시대에 지식산업은 계속해서 빠르게 확대될 것이고, 다가올 생명공학 혁명은 물질보다 오히려 지식을 조종할 수 있는 사람들의 가치를 더욱 증대시킬 것이다.

따라서 그동안 많은 관심과 투자를 대학교와 같은 고등교육에 집중해 왔다. 이런 노력을 계속해서 기울이고 있긴 하지만, 만약 좋은 사회로 발전시키려는 우리의 노력들이 심각한 좌절을 겪지 않으려면 이민자들을 동화시키려는 노력뿐만 아니라 초·중·고등학교 교육에 더 많은 관심과 투자를 투입해야 한다.

현재 미국의 교육자원은 잘못 분배되고 있다. 미국의 교육체계는 일본과 유럽의 교육제도와 비교할 때 고등교육에 집중되어 있다. 제2차 세계대전 이전의 미국과 비교해도 그렇다고 볼 수 있다. 미국의 초·중등학교는 학생들을 교육하고 훈련하는 일을 대학에 너무 많이 떠넘기고 있다. 많은 경우에 미국의 대학교 교육의 첫 2년 동안 주로 본격적인 대학교육을 위한 보충학습에 투자하고 있다. 일본과 유럽의 많은 고등학교 학생들은 미국 대학생들이 대학 입학 후 2년 후에 해당하는 학생들과 유사한 내용을 공부하고 있다.

미국은 고등학교 졸업생 중 단지 60%만이 대학에 진학한다. 다른 산업국가들은 미국의 진학률의 절반 이하만이 대학에 진학한다.[2] 고등학교만을 졸업하는 수십만 명의 학생들이 결핍된 교육을 받고 있으며, 학습의 기회를 박탈당하고 있다. 그들은 아주 높은 비용으로 재교육을 받아야 한다. 결과적으로 그들은 후기산업시대의(탈근대화) 경제에 기여할 수 있을 정도로 잘 훈련받지도 못했을 뿐만 아니라 좋은 사회의 온전한 인간으로서 육성되지도 못했다.

다음 십 년에 걸쳐 고등교육과 비교할 때, 초·중등교육에 더 많은 교육자원을 투자해야 한다. 정치적으로 가능한 한 우리는 대학의 팽창을 서서히 줄여나갈 필요가 있다. 반면에 초·중·고등학교에 더 많은 예산을 배정해 주어야 한다.[3] 물론 교육자원 할당에 있어서의 그런 변화는 사립대학보다 국공립대학에 대한 예산배정을 조정함으로써 훨씬 더 용이해질 수 있다. 그렇다고 결코 그렇게 용이한 것은 아니다. 그러나 사립대

2 Organization for Economic Co-operation and Development, *Education at a Glance : 2000 Edition* (Paris : OECD, 2000), Chart C2. 1, p. 138 ; and Chart C3. 1, p. 150.

3 여기서 말하는 것은 비율이다. 즉, 비록 전체 교육예산이 크게 증가했다 할지라도 여러 부문에 적합하도록 상대적 비율을 변화시킬 필요성이 있다.

학교는 학생들의 학자금 대출, 노동조건의 조사 프로젝트 기금이나 많은 공적 자금으로부터 파생된 많은 여러 프로그램 등으로부터 대학 예산을 충당한다. 다른 교육분야들이 어느 정도 만회하고 나야만이 이런 이점은 더욱 늘어날 것이다. 고등교육을 위해 제공된 세금감면이나 특별 대출에도 이와 동일한 주장이 가능하다.

교사들의 급여를 인상시켜 주면 학교는 더욱 더 유능한 교사들을 유인할 수 있을 것이다. 예를 들어 미국의 전문대학 수준의 교수를 초 · 중 · 고등학교 교사로 초빙할 수 있을 것이다. 중 · 고등학교 교육에 대한 오명이 줄어들어야만이 미국의 중 · 고등학교가 전반적인 교육의 과업을 더 잘 수행할 수 있을 것이다. 이런 교육자원의 재분배를 위한 근본적인 이유는 기술과 지식을 획득하기에 앞서 학생들이 올바른 인품을 획득해야 한다는 점을 간과했다는 데 있다. 최근의 개혁들은 학생들에게 수학, 과학, 외국어에 더 많은 교육을 강조하고 있다. 그러나 만약 학생들이 정신적으로 배울 수 없거나 배우려고 들지 않는다면 과학, 컴퓨터, 수학 교사들을 보강한다고 하여 그렇게 큰 성과를 거두기는 어려울 것이다. 사회과학 연구는 인간의 기본적인 인성적 특성은 어린 시절에 개발된다는 점을 잘 보여주고 있다. 이러한 것들은 안분지족할 줄 아는 능력이나 충동을 다스릴 줄 아는 능력을 포함한다. 이런 능력은 좋은 사회를 만드는 데 필수적이기도 하지만 어린이들의 성숙을 위해서도 필수적이다. 어린이들의 정신적 발달에 더욱 더 많은 교육자원을 집중시키는 노력은 전체적인 교육적 성과에 크게 이바지하게 될 것이다. 앞으로의 교육에서는 읽기, 쓰기, 셈(reading, riting and rithmetic)을 획일화된 인성으로 가르치고 절대적 가치를 학생들에게 교화시키기보다는 정의의 관점에 따라 인격발달에 초점을 맞추어야 할 것이다.[4]

이민자 교육의 우선적 고려

수백만의 이민자들이 빈약한 영어 구사능력과 기본적인 미국의 규범과 법에 대한 몰이해 때문에 상당히 위축되고 미국 생활의 동화에 어려움을 겪고 있다. 그러므로 이민자들의 교육과 훈련에 투자된 추가적인 자원은 훨씬 더 빠르게 성과를 보게 될 것이며, 투자대비 성과가 더 크게 나타날 것이다. 그 이민자들은 구경제권에서 오랫동안 일해 온 사람들이며, 오랫동안 국가로부터 생활 보조금을 받으며 살아왔다. 이런 사람들은 새로운 기술을 습득하는 데, 많은 이민자들이 이미 활용하고 있는 새로운 지식의 체계를 획득하는 데 도움을 받을 필요가

---

4 더 많은 논의를 위해서는 다음을 참조하라. Amitai Etzioni, *The Spirit of Community*(New York : Touchstone, 1993).

있으므로 이들에 대한 교육이 이루어져야 한다.

이민자 집단은 우리의 지원을 받을 자격이 없다는 것을 결코 의미하지 않는다. 최근 들어 우리는 합법적 · 불법적 이민자들의 거대한 유입을 목격하였다. 경제가 호황기에 접어들 때, 연방 이민국(Immigration and Nationalism Service)은 새로운 노동자들을 물색하려고 이민법 적용을 완화하라는 기업가(고용자)들의 압력에 탄력적으로 대응해 왔다.[5] 많은 주에선 연방 이민국을 운영하지 않고 있다.[6] 사실 미국의 국경은 10년 전보다 훨씬 견고하게 관리되고 있지만 밀입국할 침투공간이 여전히 많이 있다. 그리고 기간 만료된 비자를 지닌 수천 명의 관광객들이 미국에 체류하고 있다. 희귀한 경우지만 불법 체류자들이 체포된다면 합법적인 수단을 통해 수년 동안 추방을 연기할 수 있다. 그리고 청문회 출석을 요구받았을 때 많은 불법 체류자들은 출석조차 하지 않는다.

결과적으로 현재 미국에는 5백5십만 명 내지 6백만 명의 불법 이민자들이 있다. 불법 이민자수가 1년에 약 275,000명

5 MAtt Kempner, "The Big Wink," *Atlanta Journal and Constitution*, 23 January 2000, 1A.

6 Ibid. ; Louis Freedberg, "Borderline Hypocricy," *Washington Post*, 6 February 2000, B1; Dave Harmon, "Don't Ask, Don't Tell : Austin's Red Hot Economy Relies Heavily on Illegal Immigrants," Austin American-Statesman, 5 December 1999.

정도씩 늘어난다.[7] 이외에도 매년 미국으로 들어오는 600,000명 내지 900,000명의 합법적 이민자들이 있다.

비영어권 국가에서 온 이민자들의 숫자가 미국 내에서 점점 늘어나고 있다. 그들의 모국어는 영어가 아니다. 비영어권 이민자들의 숫자가 1980년 970만 명에서 1990년 1,540만 명에 이르고 있다. 미국 공립학교 학생들 중의 반 정도는 영어를 능수능란하게 구사하지 못하는 학생들로 구성되어 있다.[8] 수많은 학교에서 교육이 많은 언어들로 이루어져야 한다. 예를 들어 베트남어, 우르두어, 인도, 파키스탄의 회교도가 쓰는 말, 소말리어, 라오스어 등으로 교육이 실시되고 있다. 같은 교실에서 여러 언어로 가르치는 학교를 상상하는 것은 마음 속으로부터 기쁨을 얻을 수 있지만 그런 수업을 하는 선생님은 무거운 짐을 지게 된다. 비록 영어를 말하는 학생들이 먼 곳에서 다양한 문화를 지닌 많은 친구들과 함께 교류함으로써 이득을 본다손 치더라도, 그런 수업을 진행하는 선생님들은 영어를

---

7 U.S. Immigration and Naturalization Service, "Illegal Alien Resident Population," 1999. http://www.ins,usdoj.gov/graphics/aboutins/statistics/illegalalien/index.htm.에서 2000년 7월 3일에 검색된 것이다. 이 수치는 2000년 5월 3일에 연방 이민국(Immigration and Nationalism Service)에 근무하는 월랜(Robert Warren)과의 논의를 통해 업그레이드되었다.

8 "The Condition of Education 1997," Indicator 45. http://nces.ed.gov/pubs/ce/c9745a01.html에서 2000년 7월 3일에 검색된 것이다.

모국어로 하는 학생들의 학습을 현저하게 저하시킨다고 보고 있다.[9]

실제로 추가로 영어와 미국의 가치, 법, 문화, 역사 등을 배워야 한다는 성인 이민자 세대의 요구가 있다. 그런 수업에 등록이 1990년대 동안 105%나 증가했다는 사실에도 불구하고 아직도 많은 대기자 명단이 있다.[10] 기다리는 시간은 수개월에서 수년이 걸릴 수 있다. 로스엔젤레스에서만 약 5만 명이 대기자 명단에 있다. 만약 그 수업이 효과가 있다는 사실을 더 많은 이민자들이 알게 된다면 그 숫자는 더 늘어날 것이다.[11]

이민자의 유입을 억제하는 것은 차치하더라도 경제 격

---

9 이민자 자녀들에게 영어를 소개하는 다양한 방법들의 상대적 장점을 검토하기 위하여 다음을 참고하라.
J. David Ramirez, Sandra D. Yuen, and Dena R. Ramery, "Executive Summary of the Final Report : Longis tudinal Study of Structured English Immersion Strategy, Early–Exit, and Late–Exit Transitional Bilingual Education Programs for Language–Minority Children," February 1991. http://www.ncbe.gwu.edu/miscpubs/ramirez/longitudinal.htm.에서 2000년 7월 3일에 검색된 것이다.

10 National Council of La Raza, "Background and Talking Points on the President's English Language and Civics Education Initiative, and the Sample Letter to Confress About This Initiative, English Language and Civics Education Initiative : Commom Ground Partnerships." http://www.nifl.gov/nifl–esl/1999/0625.html.에서 2000년 7월 1일에 검색된 것이다.

11 Ibid.

차뿐만 아니라, 다른 사회 문화와의 접촉과 이입에 의한 문화변용은 갑작스럽게 베트남이나 멕시코와 같이 단일의 나라에서 온 수많은 이민자들과 자신이 함께 사는 수많은 공동체에서 긴장과 불안을 일으킨다. 많은 이민자들은 교통법규, 배우자 학대나 자녀에 대한 가혹한 훈육을 금지하는 미국의 법과 관습에 익숙하지 않다. 아들인 곤잘레스(Elian Gonzalez)를 쿠바에 살고 있는 그의 아버지에게로 돌려보내는 문제에 대한 논쟁을 지켜보면서 우리가 관찰한 사실은 마이애미에 살고 있는 쿠바 아메리칸(미국에 살고 있는 쿠바인)은 마치 다른 법과 문화를 지닌 어떤 다른 나라에 살고 있는 것처럼 행동하고 있다는 것이었다.

이민자들에 대한 더 많은 투자가 특별히 요구되는 또 다른 이유는 만약 이민자들이 그들의 훨씬 큰 독자적인 공동체를 형성하게 된다면 미래에 미국 경제나 사회로의 모든 통합이 훨씬 더 어렵게 될 것이라는 점이다. 이런 모든 이유 때문에 이민자들에 대한 투자는 앞으로 가장 우선적으로 이루어져야 할 부분이기도 하다.

끝으로 중요한 점을 지적하자면, 이민자들이 미국 경제 내에서 자신의 길을 찾도록 도와주는 비용은 대폭 줄어들 수 있다. 기업이나 공동체는 시설(예를 들어 교실)이나 조직 등과 같은 필요한 기반을 제공해 주기만 한다면 필요한 기본적인 문화변용이 자원 봉사자들에 의해 제공되기 때문이다. 그리고 그 결과 이민자들이 잘 적응하고 성취를 일궈낸다면 미국 경제의 발전에도 크게 기여하게 된다. 이민자 적응 프로그램은 전국적으로 캘리포니아 주지사인 데이비스(Gray Davis)에 의해 기초된 모델을 따른다. 2000년 5월에 주지사는 이민자 자녀들과 그들의 부모들이 학교 방학기간 동안, 방과 후, 토요일에 자발적인 교육을 받음으로써 큰 진전이 이루어짐을 보증하기 위한 협의체를 구성할 것을 제안했다. 그는 170,000명의 부모들과 625,000명의 어린이들을 포함한 모든 새로운 캘리포니아인들을 대상으로 이민자 교육을 시킬 것을 목표로 했다.

모든 그런 노력들은 미국 이민자들에게 필요로 하는 미국 시민권자가 되기 위한 기본적인 기술과 지식의 제공을 목표로 하고 있다. 그러나 그런 노력들이 그 이민자들의 고유한 하부 문화(본래의 민족과 국가의 정신과 문화)를 억압하지 않도록 주의해야 한다. (1997년 플로리다에 살고 있는 남미인들에 대한 조사에서 그들 중 약 98%는 자녀들이 영어를 완벽하게 읽고 쓸 줄 알기를 강력히 희망했다.)[12]

불행스럽게도 영어를 미국의 공식적인 언어로 삼아야 한다는 논의에 의해 이민자의 요구는 묵살되었다. 우파는 이것을 일종의 새로운 충성도 시험으로 간주한 반면에 좌파는 그런

12 Ellen Summerfield, *Survival Kit for Multicultural Living*(Yarmouth, Maine : Intercultural Press, Inc, 1997), 29.

생각을 명백한 인종차별 정책이라고 보았다. 영어를 공식적인 국어로 정하는 것은 공허하고 불화의 소지가 있는 조치이기도 하다. 앞으로 요구되는 것은 영어를 필요로 하는 수백만 사람들에게 그들이 정말로 희망하고 우리 모두가 이익을 볼 수 있는 언어교육을 제공하는 일이다.

과도하지 않은 규제

정부 규제가 과도하게 나아가지 않도록 하고 국가가 규제권 행사의 남용을 막기 위해 대부분의 규제는 현 수준에서 끝나도록 해야 한다. 즉, 그 규제가 시장을 불필요하게 규제하지 않고, 그 규제가 더 좋은 규제에 의해 대체될 수 없고, 규제 없이 동일한 목적을 성취할 뾰족한 다른 방법이 없다는 것 등이 여러 검토를 통해 밝혀질 때만이 대부분의 규제는 효과적으로 작동하게 될 것이다.

더욱 더 분쟁을 잘 조절하는 연방 정부

노동은 스스로의 가치를 창출하는 것을 도우며, 목적에 기초한 관계의 실질적인 토대이기도 하다. 그러므로 공공 정책은 임박한 인플레이션을 억제해야 할 뿐만 아니라 경제의 활성화에 목표를 두어야 한다. 특별히 낮은 이율을 통하여 성장을 증대시키며 실업을 줄일 수 있다. 최근의 여러 증거를 통해 이전에 가정되었던 것보다 인플레이션을 초래하지 않고도 훨씬 더 고성장과 저실업상태가 유지될 수 있음을 보여주고 있다. 실업을 얼마만큼 떨어뜨릴 수 있는지를 감안한다면 이는 매우 중요한 것이다. 우리 사회에서 직업과 수입이 대단히 위험한 상태에 있다. 직업이 없는 대부분의 사람들은 스스로 충분히 가치롭다고 여기거나 다른 사람들에 의해 잘 대접받기 어렵다는 것을 깨닫게 될 것이다. 그러므로 공공 정책은 인플레이션과 싸우기보다 성장에 더 많은 강조를 두어야 한다. 매년 3% 이상의 경제성장과 5% 이하의 실업률은 경제의 안정성에 위험을 주는 수준이라고 생각하지 말아야 한다. (심각한 인플레이션을 초래하지 않고도 경제는 낮은 수치의 실업률과 함께 고도의 성장을 이룩해 왔다. 동일한 사례가 케네디 정부 동안 있었다. 단지 1990년대에만 그렇지 않았다.) 인터넷 시대가 도래한 이래 경제의 증대된 유연성 때문에 고이율을 통해 경제 인플레이션의 활황을 저하시키기 전에 극심한 인플레이션이 올 때까지 우리는 기다리며 대비할 수 있다.

교육과 재훈련

개인 퇴직연금과 유사한 금융기구는 교육과 재훈련에 유용하게 활용되어야 한다. 그러한 것들에 대한 기여는 저소득자들을 위한 공적 자금과 잘 조화를 이룬다. 이것들은 기술의 발전 정도나 외국과의 무한 경쟁 때문에 실직한 노동자들을 위한 재교육에 제공될 것이다. 만약 필요하다면 최소한도 인력 재배치 비용을 떠맡게 될 것이다. 그런 개인 퇴직금 적립 계정 (IRA)[13]은 평생교육을 통해 노동자들의 지식과 기술을 개선하고 노동시장의 유연성을 증대시킴으로써 노동자를 보호하고 경제에 이바지하게 될 것이다.[14]

13 미국에서 Individual Retirement Account의 약어로서 개인 퇴직금 적립 계정을 의미한다.

14 입법자들, 풀뿌리 조직들, 다른 시민 지도자들로 구성된 조직인 권력 네트워크(Empower Natwork)는 개인 발전기금(Individual Development Accounts : IDA)이라고 불리는 대응 예금 및 기금을 통한 유사한 정책을

이와 같은 조치들은 다음 수십 년에 걸쳐 경제를 더 강하게 유지할 수 있다. 이런 조치들을 선호한다는 것은 우리가 경제에 자유로운 통제권을 주어야 한다는 것을 의미하지 않는다.

경제적 영역의 확장과 통제

좋은 사회는 자유방임적 시장을 선호하지 않는다. 시장은 핵 에너지와 유사하다. 시장은 생산과 서비스 분야에서 놀랄 만큼의 풍요로움을 우리에게 안겨줄 수 있다. 그러나 만약 시장이 적절히 통제되지 않는다면 비인간화를 초래할 수 있으며, 공동체, 가정, 사회적 관계를 파괴할 수도 있다. 시장에서 창출된 부는 개인적 욕구를 충족시켜야 할 뿐만 아니라 문화, 예술, 과학, 교육, 공중보건과 복지 등을 포함한 공공선에 기여해야 한다. 만약 시장을 과도하게 통제한다면 좋은 사회는 인간의 사회적 목적에 적절히 기여할 수 없게 된다. 그러나 자유방임적 시장은 나와 너의 관계를 형성하지 못하고 대신 나와 그것(I–It)의 관계를 지배하는 원천일 수 있다. 중도주의와 공

지지해 왔다.

동체주의적 접근이 직면한 중요한 문제는 시장요인의 범위를 얼마만큼 증대시킬 것이냐의 문제이다. 시장의 범위를 넘지 않도록 통제의 벽을 어디쯤에 설치할 것인가를 결정하는 일이다. 하나의 분명한 예로 인간 장기(臟器) 거래를 중지시키는 일이다. 장기 거래는 인간을 목적으로서 대우한 것이 아니라 한갓 수단으로서 대우하는 전형적인 사례인 것이다. 우리는 오래 전에 인간 매매를 불법화했으며, 다른 나라에서 노예의 존재를 알게 되면 그 나라를 적절히 견제하고 비판한다. 우리는 성노예도 마찬가지로 다루어야 한다.

시장영역의 확대로 많은 사회는 엄청난 변화를 겪고 있다. 이것은 투자원칙의 커다란 유연성을 내포한다. (예를 든다면 동일한 노동현장에서 이곳에서 저곳으로 옮기거나, 이 지역에서 저 지역으로의 직장을 이동하는 것에 관심을 갖는 것이 이에 해당된다.) 낮은 해직수당, 적은 휴가, 저임금, 민영화, 광범위한 탈규제, 노동자 임금의 면세 기준액 증가, 파산법의 개정 등을 끊임없이 추구한다.

많은 이러한 조치들은 경제적 번영을 유지할 수 있도록 해주므로 계속되어야 한다. 많은 사람들은 시장을 억압하는 통제의 벽을 허물어야 한다고 본다. 경제정책에 대한 논의가 있을 때마다 시장에서 자유의 범위를 어디까지 제한을 둘 것인가 뿐만 아니라 자유의 범위를 얼마만큼 확대할 것인가에 대한 논의는 아주 부족한 실정이다. 여기에서 이런 문제에 대해 우리에게 지침이 될 원리를 제시하고자 한다.

사회정책에서 어떤 변화를 시도하든 간에 기본적인 의식주 문제를 보장하는 사회적 안전망이 갖추어질 것이라는 확신을 구성원들에게 심어주어야 한다. 그리고 또한 나이가 들었을 때 거리에서 구걸하도록 방치하지 않을 것이라는 확신을 주어야 한다. 비록 여러 사회적 안전망이 일부 보조금을 삭감함으로써 낮게 설정되었다손 치더라도 어느 누구도 나락으로 떨어지지 않을 것이라는 확신을 구성원들이 가질 수 있도록 해주어야 한다.

사회 안전 시스템을 민영화한다든지 고령자 장애자 의료보험을 회원제의 건강관리 의료단체(Health Organization)에 맡겨지는 것은 이 원리와 양립할 수 없다. 똑같은 이유로 피고용자들의 돈을 멋대로 사용하고자 하거나 체계적으로 연금계획을 수립하는 과정에서 비양심적인 기업으로부터 연금기금을 안전하게 보호하기 위하여 강력한 입법장치를 마련해야 한다.[15] 더 나아가 노동현장의 안전과 식품안전에 대한 국가의 강력한 조사는 새로운 규제뿐만 아니라 현존하는 규제가 계속해서 유지될 것이라는 확신을 주기 위해서도 요구된다. 최근 들어 조사예산이 삭감되고 규제가 약화됨에 따라 많은 조사 및 감시체제가 무뎌졌다. 만약 우리가 여러 규제 때문에 활력 있

15 Amitai Etzioni and Laura Brodbeck, *The Intergenerational Covenant : Right and Responsibilities*(Washington, D.C : The Communitarian Network, 1995).

는 경제를 약화시키지 않으려면 이런 상황은 또 바뀌어야 한다.

상세한 논의가 필요하겠지만, 좋은 사회에서 사람들은 경제적 안정에 대한 기본적인 의식을 지녀야 한다. 이것은 시장에 더욱 자유로운 지배권이 부여될 때나 사회적 통제정책이 위축되고 느슨해질 때 요청된다고 볼 수 있다. 미국의 상황에서 이는 앞으로 다음의 원리에 충실해야 한다는 것을 의미한다.

모두를 위한 일

2000년도에 미국은 30년 만에 가장 낮은 3.9%의 실업률을 달성했다.[16] 그러나 경제는 상승하다 하강하기도 한다. 그러므로 좋은 사회를 위한 토대를 놓으려면 일하고자 하고 일할 수 있는 사람에게 일거리를 제공해 줄 수 있어야 함을 서둘러 명문화해야 한다. 우리가 1990년대 동안 성공을 거두었던 것처럼 일자리의 제공(낮은 실업률)은 경제 성장률이 높아질 때 가장 잘 달성될 수 있다.

그러나 만약 민간부분에서 할 일이 없다거나 일거리를

16 U.S. Department of Labor, "the Employment Situation : April 2000."

제공할 여력이 없다면 마지막 방편으로 공동체의 일거리를 하고자 하는 모든 이들에게 제공해 주어야 한다. 이러한 일에는 환경보호 및 개선운동, 교육보조 활동, 그밖에 무급으로 이루어지는 공동체 봉사활동 등을 포함한다. 그러므로 공동체의 일은 다른 형태의 직업을 창출하는 것이나 저임금 노동과 경쟁관계에 있지 않다.[17] 일자리를 제공할 계획은 세부적으로 다를 수 있다. 아무튼 장기적인 실업상태로 인간성을 상실하게 되는 점을 감안한다면 좋은 사회에서 일자리를 갖고자 하는 사람이 실업상태로 오랫동안 방치되지 않도록 해야 한다.

사이버 공간에서의 자유와 한계

사이버 공간이 새로운 유토피아 세계라는 관점은 실체나 정의도 없다. 거기서 사람들은 스스로 통치하고자 하며, 사업 자체도 그 어떤 제한을 받지 않으려 한다. 사이버 공간은 가상의 마을(공동체)에서 메트로폴리스(metropolis)로 바뀌고 있다.

17 버틀리스(Gary Burtles)는 유사한 아이디어를 제공했지만 공동체는 최저 임금 이하를 주어야 한다고 주장했다. Aaron and Robert D. Reischauer, eds, *Setting National Priorities : The 2000 Election and Beyond*(Washington, D.C. : Brookings Institution Press, 1999), 160.

거기에서 사람들은 습격당할 수도 있고 보호를 필요로 하기도 한다. 사이버 공간에서 이루어지는 교류의 전체적인 횟수가 늘어남에 따라 공공의 감시 필요성이 그만큼 늘어날 것이라는 점을 확실히 인식해야 한다. 인터넷에서 판매되는 처방약도 현실세계에서 소비자 보호수준과 다르지 않다. 세금도 피할 수 없으며, 약 효능에 대한 표시, 소아에 대한 이상 성욕자, 테러리스트 등은 법의 이름으로 통제를 받게 된다. 인터넷상에서 이루어지는 타인에 대한 중상모략 역시 현실세계에서와 마찬가지로 책임을 지고 처벌을 받게 마련이다. 어린이들은 폭력물이나 음란물로부터 보호되어야 한다.

사이버 공간의 발전으로 종종 우리가 간과하기 쉬운 문제점이 나타나게 된다. 많은 법과 규제는 경쟁을 해치기보다는 경쟁을 보호하는 데 이바지한다. 독점 금지법은 보크(Robert H. Bork) 판사와 같은 극보수주의자에 의해서도 선호되는 분명한 사례이다.[18] 하자가 있는 것을 판매함으로써 경쟁자보다 가격 우위를 점하고자 하는 사람들을 포함하여, 저질 유아음식을 제조 · 유통하고 세금을 탈루하는 나쁜 사람들 때문에 경쟁력이 약화된 건전한 기업가나 동업종 종사자들을 보호하고 도우려는 규제장치가 똑같은 이유로 필요하다는 것이다.

---

18 Robert H. Bork, "There's No Choice : Dismember Microsoft," *Wall Street Journal*, 1 May 2000, A34.

화이트 칼라의 범죄 억제

화이트 칼라와 기업 범죄는 마약거래와 같은 다른 비폭력 범죄와 마찬가지로 엄하게 다스려져야 한다. 많은 기업들이 불안전한 약을 고의로 판매하기도 하고 총체적으로 정부를 속이기도 하고 대중에 큰 위험을 초래할 정도로 법을 위반하기도 하였다. 그러한 위반과 부정이 경미한 처벌로 끝나고 말면 정부에 대한 국민의 신뢰를 훼손시키며, 대규모의 부패를 초래할 수 있다.

조화의 예술

국가와 시장을 대립적인 관계로 본다든지 최소한 사회적 문제에 대한 대안적 접근으로 보려는 경향은 좋은 사회의 가장 중요한 최선의 방법이 제3의 영역(공동체)이나 각 영역의 조합을 통해 가능하다는 사실을 숨기는 것이다. 이는 둘 또는 세 영역(국가, 시장, 공동체)의 요소들을 조합하는 여러 혼합방법들이기도 하다. 혼합의 구체적인 예들은 아래와 같다. 조합의 목적은 사적 영역, 공적 영역, 공동체의 영역 어느 하나에 치중하지 않도록 하는 데 중요한 관심이 있다. 각 영역의 속성과 한계점에 대한 철저한 검토를 통해 여러 분야에서 각 영역들의 조합이 각 영역이 상호 배타적 또는 독점적으로 기능하는 것보다 훨씬 더 좋다는 점을 입증해 준다면, 이러한 각 영역 간의 조화로운 조합은 더 큰 신뢰를 얻게 될 것이고 더 많은 과업을 수행하게 될 것이다. 국가와 시장 사이의 제3의 지대 또는 그것들 간의 조합형태로는 다음과 같은 것이 있을 수 있다.

- 사회적 서비스를 제공하지만 부분적으로 정부에의 재정지원을 받는 가톨릭이나 유대교 집단과 같은 종교제도나 자발적인 결사체들.
- 최초의 투자금이나 착수금이 국가에 의해 제공되는 대학, 박물관, 극장과 같은 사적으로 운영되지만 비영리의 문화적 단체나 기관들, 비영리 문화기관이나 단체들은 정부 보조를 일부 받을 수도 있지만 운영비의 대부분을 기프트 숍, 식당, 입장권 판매 등을 통해 조달해야 한다.
- 주택수당과 같이 공동체의 서비스나 시장상품들을 구입할 수 있도록 국가에 의해서 이미 지급된 상품권.
- 국영 TV방송사, 국영 라디오 방송국(National Public Radio : NPR) 등 이러한 공공 매체들은 점증하는 상업적 형태의 방송시대에 특히 더 중요하다. 방송을 상업화하려는 압력은 공

적 서비스의 능력과 자질을 떨어뜨려 왔다. 공기업에 대한 예산지원을 삭감하지 않고 상당량의 기부금을 공기업에 제공하는 일은 정치적 압력과 재정압박으로부터 벗어날 수 있게 해줄 것이다.

제6장

게임의 규칙을 지키는 것

시민사회와 좋은 사회는 하나의 관심을 공유한다. 즉, 불가피한 갈등은 규칙을 통해 완화되어야 통제상태에서 벗어나지 않을 것이며, 폭력으로 번지지 않을 것이다. 축구와 같이 본질적으로 색다른 상황과 국회의 토론 등으로부터 익숙해진 게임의 규칙은 상이한 공동체 사이의 갈등에 적용될 수 있다.

1990년대 동안 정치게임의 규칙이 상당히 무너졌다. 양당(민주-공화)은 양쪽의 지도자에 대한 개인적인 인신공격을 퍼부었으며, 여러 선출직 관리들을 마구 흔들어대고 있다. 20세기 후반부인 같은 기간 동안 더욱 더 많은 정치인들은 많은 사적 기금의 출현을 통해 공공 이익을 증진하려는 노력을 게을리하고 있다. 시민 정치체계를 재건하고 좋은 사회로 발전하기 위하여 두 가지 중요한 개혁들이 요구된다.

정치의 해금(解禁)

공동체주의자들이 공공의 기반을 찾고자 할 때, 정치의 핵심이 다양한 집단들 사이의 갈등의 충돌이며 당파성이 민주주의 정치의 본질이라고 주장하는 사람들에게 공동체주의자들은 종종 호되게 비판을 받는다. (이런 사람들은 사회가 여러 계층이나 종족이 치고 받고 싸우는 투기장이라고 주장하기까지 한다.) 이런 비판가들은 합의의 정치를 비웃는다. 그러나 이런 비판가들은 정치적으로 주고받는 것(기브 앤드 테이크)뿐만 아니라 갈등이 공적인 토대를 무너트리지 않으면서도 생겨날 수 있음을 간과하고 있다. 부부들이 갈등해결의 방법을 학습하는 것처럼 정치적 반대자들도 자신의 이익을 옹호하고 다른 사람과 언성을 높이지 않고도 가치와 책임의 할당을 변경하는 방법을 배울 수 있다. 좋은 커플은 흔히 등 뒤에 손을 묶고 싸우는 방법을 배운다. 마찬가지로 공동체주의의 정치는 갈등을 제한하지만 억압하지 않는 약속에 대한 상호 존중의 규칙을 선호한다.

건국 초기나 최근 들어 미국의 정치는 이 모델을 깨고 있으며, 파행이 생겨나고 있고, 점점 악화되고 있다. 정치 해금의 필요성이 제기되고 있다. 복수가 뒤따른 개인적 공격에서 나타난 분위기를 공화국 하원의원인 캠벨(Tom Campbell)이 말한 다음의 일화를 통해 확인할 수 있다. 미국 공화당이 전 하원의 대변인인 라이트(James Wright)를 자신의 책을 판매했다는 비교적 경미한 윤리 위반으로 해임한 후 캠벨은 여러 민주당과 공화당 하원의원들과 국회의사당에서 걸어 내려오고 있었다. 캠벨은 이런 징계행위에 대해 후회의 말을 했다. 그리고 이제 "우리는 서로에게 이런 행동을 멈추어야 한다"고 그는 제안했다. 그러자 민주당 하원의원들은 "물론이지요, 우리가 당신쪽의 지원을 받는다면 곧바로 그렇게 하지요"[1]라고 답했다.

몇 년 후 민주당 하원 대변인인 로스텐코스키(Dan Rostenkowski)는 공화당 하원의원인 리빙스턴(Bob Livingston : 루이지애나)이 그랬던 것처럼 해임되었다. 물론 클린턴(Clinton) 대통령도 고발당하고 특검을 받았다. 레이건(Ronald Reagon) 대통령뿐만 아니라 민주공화당 출신의 많은 각료들에 대해 여러 유형의 법적 · 윤리적 위반으로 기소를 담당할 많은 특별 검사들이 임명되었다. 기소된 많은 사람들은 결과적으로 무죄임이 밝혀졌다. 그러나 많은 법률적 비용과 씻을 수 없는 명예와 신뢰에 대한 손해를 입은 후에 그들은 선출직에 임명되었다. 한 인간을 파멸로 이끈 정치는 정치 그 자체의 파멸을 위협한다.[2]

1 개인적인 대화.

개인적 공격과 반격의 악순환이 최근 들어 줄어들긴 했지만 그것은 곧바로 다시 증폭될 수 있다. 예를 들어, 2000년 5월에 민주당은 재물 강요죄, 협박, 돈세탁 등으로 비난한 공화당의 하원의원인 드레이(Whip Tom Delay : 텍사스)를 고소했다.

공동체주의 정치를 활성화하고 갈등을 포용하기 위하여 정치세력들은 만약 어떤 사람이 심각한 위반이나 잘못을 저질렀을 때도 대충 발각되지 않고 넘어가도 좋다는 것을 의미하지 않는다. 그러나 어느 유형의 위반이 선출직에서 물러날 것을 권고할 것인가에 대한 기준을 상향 조정하는 것이 반드시 필요하다는 것이다. 진심으로 회상해 보면 여기서 언급되는 여러 선출직 관리들에 의해 저질러진 범죄의 종류가 공식적 · 비공식적인 윤리적 비난이나 일부 다른 유형의 불신임을 받을 만하지만, 유권자들의 선택을 무시하면서 그 직에 물러나지 않도록 하는 것은 바람직해 보인다. (이것은 직접적으로 선출직 관리에만 적용한다. 즉, 하원의장의 경우에 최초로 의장을 선출한 동료의원들이 의장직에

2 비록 어떤 조건 하에서 공공 관리들이 합법적인 사례로 보상을 받게 되어 있다 하더라도 그들은 몇 년 후에나 그 보상을 받을 수 있다. 더 나아가 만약 그들이 자신의 무고함을 입증하지 못한다면, 그리고 만약 검사가 그 사건을 종결시키기만 한다면 클린턴의 경우에서처럼 어느 보상도 이루어지지 않는다. 그리고 만약 피의자를 압박할 목적으로 피의자의 친구와 친척들이 줄줄이 소환된다면 그 소환장 때문에 큰 충격을 받을 것이다. 전 주택-도시장관인 시스네로스(Henry Cisneros)의 사례가 바로 그랬다.

서 의장을 물러나게 할 수 있다고 일부 사람들은 주장할 수 있다. 이 경우에도 공적 신뢰와 정치체계의 작동에 대한 손상은 여전히 문제로 남아 있다.)

공식적으로 제공되는 우표의 사용이나 전화통화가 이루어지는 장소를 지배하고 통제하기 위한 모든 규칙과 규제를 충실히 따르지 못한 업무처리가 수년간에 걸친 조사, 공청회, 세금의 낭비, 계속되는 개인의 파멸 등을 정당화시키지 못한다. 공공 분야와 정당의 지도자들은 늘상 면밀한 검토 하에 모든 사람들의 비판으로부터 자유로울 수 없음을 상기해야 한다. 공직의 충실성을 보호하고 법 존중의 정신도 유지하는 더 좋은 방법을 모색해야 한다.

가장 화급한 것으로 법학자와 양당의 입법가들이 대통령 지위와 책임을 설정하기 위한 새로운 규칙을 제정하기 위해 머리를 맞대야 한다. 이런 새로운 규칙들은 미래지향적이어야 한다. 그들은 닉슨(Richard Nixon)으로부터 클린턴(Clinton)에 이르기까지 과거의 문제를 들추는 데 목적을 두지 말아야 한다. 그리고 전직 대통령들이 했거나 했던 일에 의심이 가는 문제들에 무죄방면하자는 것도 아니다. 법학자들과 입법자들의 목적은 미래에 있을 수 있는 민주적 정치체계와 공무원에 끼칠 손상을 막는 것이다.

다음은 앞으로 신중하게 검토되어야 할 대략적인 문제들을 나열한 것이다. 여기서 추구해야 할 목적은 연구되어야 할 문제의 유형을 제시하고자 할 뿐이지, 여기서 그 연구를 수행하자는 것이 아님을 독자들은 염두에 두어야 한다.

대통령 집권기간 동안 집권 이전의 행위에 대한 부분적인 소추 면책의 문제?

임기 중인 대통령이 대통령 당선 전에 행했던 일로 재임 중에 법정에 세워야 할 것인지 말 것인지에 대한 문제는 재검토될 필요가 있다. 대법원은 재판이 클린턴 대통령의 임무수행 능력을 방해하지 않을 것이라는 가정 하에 지방법원이 대통령에 대한 존스(Paula Jones)에 의한 기소건에 대한 재판을 진행할 수 있도록 허용했다. 그 이후의 진행된 사건을 통해 볼 때 의심의 여지없이 이 가정은 잘못된 것이었다.

그러므로 우리는 이제 현직 대통령(대통령과 마찬가지로 다른 공직자들)은 임기 동안 어느 유형의 소추의 면책을 보장받아야 하는지에 대한 문제를 면밀하게 재고해야 한다. 만약 그 답이 긍정적이라면 우리는 소추의 면책이 어떤 요건을 충족해야 하는지, 어떤 조건에서 소추의 면책이 취소될 수 있는지에 대해 면밀하게 검토해야 한다.

이 문제에 대한 양 극단의 입장이 있을 수 있다. 트리베(Laurence Tribe)는 대통령이 왕과 같다는 주장이 대통령제 도입

취지문에서 무조건적으로 거부되었다고 주장한다.[3] 어떤 소추의 면책도 거부하는 것처럼 보이는 이러한 주장은 왕이 구체적으로 책임을 져야 할 임기를 정하지 않고 있다는 사실을 무시하고 있다는 것이다. (왕의 임기를 제한하는 것은 왕의 행동거지를 크게 위축시킬 것이다.)

반대로 델린저(Walter Dellinger)는 대통령의 특권에 대해 호의적으로 생각한다. 미국이 대통령의 무능을 통제하는 미국 헌법의 제25조 수정조항을 채택했을 때, 대통령의 직이 유일무이하다는 것이 의회와 법원의 입장이라고 그는 지적한다.[4] 대법원장인 셀러(Emananuel Celler)가 의회에 수정조항을 제안하면서 다음과 같이 주장하였다. "국가는 한 순간도 대통령직을 공백상태로 두는 것을 허용해서는 안 된다."[5] 장기적인 재판으로 야기된 커다란 정신적 혼란과 불안은 대통령직을 안정적으로 수행할 수 없게 만든다는 점을 함축하고 있다.

아마르(Akhil Reed Amar)는 명백히 헌법이 장황하게 대통령의 특권을 규정하지 않고 있음을 적고 있다. 그러나 미국의 헌법은 연방주의 체계와 권력의 분리를 규정하고 있다. 연

3 Joan Biskupic, "News Analysis : From Nixon to Clinton," *Washington Post*, 1 June 1997, C1.

4 Linda Greenhouse, "Word for Word : The Justices and Paula Jones," *New York Times*, 15 March 1998, sec. 4, p. 1.

5 Ibid.

방주의 문제로서 주(州) 검사나 지방 검사는 연방 정부의 행정 기능의 적절한 수행을 방해할 수 없게 되어 있다.[6] 그는 대통령 특권에 대한 일괄 법안의 입법화에 다음의 내용을 포함시킬 것을 권고하고 있다.

> 현직 대통령이 민사소송에 휘말렸을 때의 규칙, 임시적으로 대통령의 소추의 면책시 제한을 두는 입법화를 시도하려면, … 그 입법화는 현직 대통령이 보통 법원에서 자신의 의지에 반해 재판받지 않아도 되는 역사적으로 건전하고 구조적으로 분별력 있는 규칙임을 확신할 수 있어야 한다.[7]

이런 문제에 대한 더 많은 검토를 시작하기 위해 흔히 주장되는 바와 같이 고도로 당파성을 띤 양 극단의 주장은 모든 사람을 만족시킬 수 없다는 점을 확신해야 한다. 대통령 선거에 앞서 있었던 대통령의 행위에 관한 모든 민사소송을 허용할 때, 그런 소송이 대통령의 직무수행을 얼마나 방해하는지에 무관심한 것은 받아들이기 어려운 것처럼 보인다. 동시에 범죄가 비록 흉악한 것일지라도, 증거가 아무리 명백하더라도 대통

---

6 Akhil Reed Amar, "The Unimperial Presidency," *New Republic*, 8 March 1999, 34.

7 Ibid., p. 41.

령 선거 전에 저질러진 모든 범죄행위에 대해 완전히 소추의 면책을 허용하라는 주장에 많은 사람들은 동의하지 않을 것이다. 중도적인 적절한 입장을 견지하려는 노력이 현실적으로 요청된다 하겠다.

특별검사를 제한하거나 아예 없앨 것인가?

의회는 정부법안의 윤리부분으로서 1987년에 독립적인 권고법안을 통과시켰다. 그 법안은 특별검사 콕스(Archibald Cox)에 대한 닉슨 대통령의 해임에 대한 반발로 제정된 것이다. 그 법안은 대통령의 간섭을 받지 않고 자유롭게 조사하기 위해 입안된 것이다. 그 법안은 법무부 장관의 요청으로 특별검사를 지명할 수 있는 세 명의 항소(상고)법원판사들로 구성된 특별한 위원회를 조직하도록 했다. 그리고 새로운 법은 법무부 장관에게만 특별검사를 해임할 권한을 부여했다.

미국 정부가 사담 후세인(Saddam Hussein)의 군사무기 제조를 도와줬다는 이라크 게이트의 탄원(주장)을 조사해달라는 요구가 있었을 때 부시(George Bush) 대통령은 그의 임기동안 특별검사법(Independent Counsel Act)의 효력을 만료시켰다. [부시는 이미 이란-콘트라 사태(Iran-Contra Affair) 동안에 특별검사의 조사를 받아야 했다.] 클린턴 대통령은 1994년 6월 30일에 그 법을 부활시켰다. 5주 후에 클린턴 대통령을 조사하기 위해 스타(Kenneth Starr) 검사가 임명되었다.

그 이후 특별검사제도는 아무런 통제를 받지 않고, 너무 오랜 시간이 걸리고, 너무 많은 비용이 들고, 파당정치가 그 조사에 개입할 여지가 있고, 정치체계를 손상시킬 수 있다는 점 등 때문에 많은 비판과 공격을 받아왔다. 특별검사를 임명하는 과정은 중대한 위반이 있었다는 어떤 증거가 있을 때 시작한다. 본격적인 활동이 이루어지기 전에 그런 증거가 얼마만큼의 확신의 정도가 필요한지를 충분히 규정하는 것이 사실상 불가능하다. 그러나 제기된 사건에 대한 혐의와 해명을 다소간 비교하는 척도를 활용하면 그 규정이 현재보다는 최소한도 좀더 분명해질 수 있다. 더 나아가 최근 들어 특별검사는 다양한 사건과 서류를 검토할 수 있는 광범위한 권한을 부여받았다. 특검의 조사를 제한하는 것이 국가에 기여하는 부분도 있다.

이 법은 대략 5년마다 법의 효력을 유지하기 위해 승인받아야 하기 때문에 의회는 어떤 비용통제를 부과함으로써, 그리고 특검에 해당 사건을 넘기기보다는 오히려 내부적으로 조사할 더 많은 권한을 법무부 장관에게 부여함으로써 나타난 문제의 일부를 개선하기 위한 여러 조치를 취해 왔다. [그 이외에도 의회는 혐의를 받고 있는 대통령이나 각료가 범죄자라는 인식을 불식시키기 위해 특별검사(Special Prosecutor)라는 명칭 대신에 독립검사(Independent Council)라는 명칭으로 바꾸었다.]

그러나 법에서의 이런 변화에도 불구하고 조사의 범위에 대한 통제권을 거의 갖고 있지 못하다. 이전 조사에 대한 비판에도 불구하고 항소법원 배심원은 특별검사(독립검사)에게 무엇이든 조사할 수 있는 막강한 권한을 계속해서 부여하고 있다. 예를 들어 스타(Starr) 검사를 임명했을 때 배심원(Panel)은 그 검사가 그의 수사를 통해 밝힐 수 있는 모든 범죄의 증거를 조사할 수 있도록 권한을 명문화했다. 각종 정치적 압력은 법무부 장관이 특별검사의 임명을 어렵게 만들기도 하나 조사를 마무리하기 위해 사법권의 확대가 요구된다고 주장할 때 특별검사의 사법권 확장을 거절하기 어렵다.

의회는 1999년대 중반에 특검법(the independent law)의 효력을 끝내기로 했다. 그럼에도 불구하고 리노(Reno)가 검사를 임명함으로써 불법 선거자금 모금과정에서 앨 고어(Al Gore) 부통령의 의심스러운 역할을 조사해야 한다는 계속적인 요구가 있었다. 공화당 사람들, 대표적으로 버튼(Don Burton) 공화당 하원의원(인디애나 주)과 스펙터(Arlen Specter) 공화당 상원의원(펜실베이니아)은 이 사건에 대해 특별검사를 임명하지 않기로 한 리노의 결정이 그녀의 정치적 성향에 의해 영향을 받았다고 비판했다. 확실히 특검을 둘러싼 파당적 정치에 대한 논쟁과 비판은 법안에 대한 논쟁과 함께 아직도 끝나지 않았다.

특별검사가 임명되고 활동하는 방식을 개혁하기 위하여 새파이어(William Safire)는 다음과 같은 제안을 했다 :

1. 법무부 장관이 외부에서 특별검사를 선정하는 방식에 어떤 감시장치를 만들어라. 입법 · 사법 · 행정부에서 추천된 사법부 고문단들은 이해관계의 갈등에 휘말리지 않기 위해 공공의 압력 하에 도덕적으로 검증된 인물군을 행정부에 추천할 수 있다.
2. 법무부 조사관의 등 뒤에 꽂혀 있는 하나의 채찍으로서 기능하기 위하여 사법위원회에 소환장을 발부할 수 있는 전문적인 조사관(검사)을 배치하라.
3. 현재의 비효율적인 국가 청렴위원회를 상원에서 임명할 수 있도록 해라.[8]

확실히 소송할 다른 방법들이 있을 수 있다. 그러나 현직 대통령(부통령)의 진술(해명)에 대한 조사방법의 필요성과 동시에 대통령에 대한 무제한의 방문조사와 국민들에게 조사장면의 공개를 막을 필요성은 분명히 존재한다.

---

[8] William Safire, "After Indy Counsels," *New York Times*, 4 March 1999, A25.

고위직 범죄의 의미를 명료화

비록 대통령을 상대로 해 소송을 제기할 가능성이 거의 없고 대통령이 조사받을 수 있는 방법이 제약받는다 하더라도 대통령이 이런 저런 법을 어겼다는 사실이 알려질 가능성은 얼마든지 있다. 이는 우리가 이 위반 사실을 어떻게 처리할 것이냐의 문제를 야기한다. 모든 법규위반(예를 들어 과속이나 교통신호 위반조차도)을 했을 경우, 그 자리에서 물러나게 해야 하든지 아니면 아무런 조치도 취하지 말아야 한다고 주장하기 어려울 것이다.

우리는 대통령이나 고위직 관료의 범법행위의 구성요건에 대한 분명하고 엄격한 정의를 내려야 한다. 로웰(Abbe D. Lowell)은 고위직의 위법행위에 대한 헌법적 정의에서 최대한의 면책과 최소한의 면책규정에 대해 비난한다.[9] 메이슨(George Mason)의 표현에 따르면 헌법을 전복하려는 중대하고 위험한 범죄에 대해서만 헌법조문이 규정하고 있을 뿐이라고 로웰은 주장한다. 로웰은 탄핵의 성립조건이 사회 그 자체에 즉각적으로 미칠 해악이 있어야 한다는 해밀턴(Alexander Hamilton)의 주

---

9 "The Testing of a President : Excerpts from Minority Counsel Presentation to House Judiciary Committee," *New York Times*, 6 October 1998, A23.

장을 인용한다.[10] 마찬가지로 공화당 하원의원이며 닉슨 대통령 당시 사법위원회 위원이었던 허친슨(Edward Hutchinson : 미시건 주)은 닉슨 대통령의 처신을 보았을 때 정부체계에 커다란 영향을 끼쳤으며, 그에 악영향을 준 범죄였다는 점에서 탄핵 가능성이 높았다고 진술했다.[11]

반대로 공화당 하원의원인 그레함(Lindsey Graham : 사우스 캐롤라이나)은 클린턴 탄핵 청문회 동안 고위층의 범죄라는 용어가 "보통 사람이나 하류층의 사람들을 해친 중요한 위치의 사람"을 언급한다고 주장했다. 그는 덧붙이기를 고위층의 범죄는 중죄일 필요는 없다는 것이다. 고위층의 범죄는 고위직에 있는 사람이 그 직을 수행하기 시작하고 다른 사람을 해치는 방식으로 행동할 때 생겨난다.[12]

"좀더 장황하게 버드(Robert Byrd) 상원의원(민주당, 웨스트 버지니아)은 1970년 4월 하원에서 그 문제에 대해 다음과 같이 연설한 포드(Gerald Ford)의 말을 인용했다 :

> 탄핵할 만한 위반이 그 역사적 순간에 하원의 다수가 그것에 대해 어떻게 생각하느냐에 따라 결정된다고 보는 것이 유일하게 정직한

---

10 Ibid.

11 Ibid.

12 "The President's Trial," *New York Times*, 17 January 1999, sec.

답이다. 재적의원의 2/3 이상이 어떤 위반사항으로 그 직을 그만둘 것을 심각하게 요구한 결과는 곧 그들의 신념에 따른 결정인 것이다.[13]

버드는 그 정의를 축소하려 했다. 비록 탄핵에 관한 필라델피아 전당대회 논의와 행위들이 상대적으로 빈약했던 기록에 나타나 있지만 그에게서 탄핵이라는 용어는 부패, 실정, 총체적이고 악의에 찬 의무의 불이행, 권력남용, 공적 신뢰의 붕괴 등을 의미하였다.[14]

그밖의 많은 중간적인 입장이 정교하게 개진되었다. 최소한도 어느 정도까지 또 다른 사건이 발생하기 전에 법조항에 대한 가능한 해석을 축소할 필요성은 분명해 보인다. 우리는 최근의 경험과 이전의 경험으로부터 여러 제한기준이 높이 설정되어야 하는 이유를 배웠다. 왜냐하면 유권자 선택결과의 무시는 민주적 과정을 심각하게 왜곡하는 것이기 때문이다. 만약 어떤 정당 출신의 대통령이 다른 당의 주도 하에 이루어진 청문회를 통해 자리에서 물러나게 되고, 반대 당에서 나온 다음 대통령이 똑같은 절차를 받게 된다면 우리의 민주주의가 얼마

13 포드(Gerald R. Ford) 대통령이 105회 의회에서의 연설내용이며, 자세한 기록은 다음을 참고하라. *Congressional Record*(9 September 1998).

14 버드(Robert Byrd)의 제105회 의회에서의 연설내용이며, 자세한 기록은 다음을 참고하라. *Congressional Record*(9 September 1998).

나 훼손될 것인가를 우리는 충분히 상상해 볼 수 있다.

최근의 신중한 검토를 통해 현직 대통령이 의회(의원)를 대하는 방식을 의회가 승인하지 않을 수도 있음을 제안하였다. 또는 대통령이 스스로 그 직에서 물러날 수 없도록 하는 제안을 한다. 의회에서 취할 수 있는 있는 가능한 조치들은 잘못된 행동을 비난할 수 있으나 규제조치를 수행하지 못하는 대통령에 대한 공식적인 견책(censure)제도를 도입하는 것을 포함한다. 대통령의 잘못된 행동을 상세하게 기술하지만 대통령을 물러나도록 하는 탄핵의 권한을 부여하지 않으면서 사실관계를 조사하여 발췌하는 것을 포함한다. 대통령이 저지른 비행으로 특검을 받게 될 때 특검 비용의 일부나 전부를 대통령에게 의무적으로 부담지우는 것 등을 포함한다.[15]

동시에 법 제재장치가 아주 높게 설정되지 않으면 심각한 법 위반을 했을 때 누구도 법 위에 군림할 수 없다는 심오한 이해를 크게 훼손하게 된다. 우리는 이러한 위법사항을 완벽하게 규정할 수는 없지만, 만약 상호 파멸의 정치를 방지하려면 그 정의를 축소하는 것이 필요하다.

---

15 Eric Pianin, "Senators Exploding a Form of Censure Are Bumping into Obstacles," *Washington Post*, 28 January 1999, A17 ; Associated Press, "Debate Moderator Known for Fairness," *Minneapolis Star Tribune*, 10 Dcember 1998, 7A.

대통령직 승계 서열의 변화?

현재 하원의장을 대통령이나 부통령과 다른 정당에서 맡게 된다면 하원의장이 대통령직 승계 서열에서 세 번째이므로 하원의장이 속한 정당은 대통령이나 부통령을 탄핵하고 싶은 유혹을 가질 수 있다. 그렇다고 반대의 정당이 이런 식으로 대통령 선거결과를 뒤바꾸려는 잘못된 관행을 두루 알려야 한다고 구태여 제안하지 않는다. 그러나 이미 이에 대한 비난의 목소리가 일부 다른 이유로 터져나올 때, 대통령 임기를 보장하려면 제도적 장치들이 더욱 더 강력히 마련되도록 해야 한다. 그러한 유혹을 없애기 위해 이 법조항을 어떻게 바꿀 것인지에 대해서는 다양한 검토를 해야 할 것이다. 한 가지 가능한 방법으로 대통령직의 승계 서열을 제3순위에 국무장관, 제4순위에 재무장관, 제5순위에 하원의장을 배치하도록 하는 것이다.

대통령 취임을 막지 않지만 각료나 재판관의 임명동의를 오랫동안 연장하는 행태

재판관과 각료들이 취임하기 전에 그 해당 후보자들이 상원에 승인받는 시스템을 바꾸어야 한다. 현재 어느 한 상원의원이 말 그대로 수년 동안 수많은 지명자의 승인 여부를 쥐고 있을 수 있다. 그들의 이유는 개인적인 악감정도 있을 수 있고, 후보자와 전혀 관련이 없는 조치에 대해 행정부로부터 승인을 얻어내기 위한 시도에서 비롯될 수 있다. 최근 들어 임명동의안에 대한 연장 횟수가 너무나 많아서 대통령 인수위원회의 독립 연구[Pew 재단에서 발주하고 브루킹 연구소(Brooking Institution)에 의해서 수행된 프로젝트]에서 그런 승인 연장이 결과적으로 행정부와 사법부를 크게 저해하고 있음을 밝히고 있다. 클린턴 행정부 동안 관료나 재판관의 지명과 임명동의 과정이 모든 피임명자의 44% 정도가 6개월 이상 걸렸다. 반대로, 1964년에서 1984년 사이에 모든 피임명자들의 5% 정도만이 임명동의 과정이 6개월 이상 걸렸다.[16]

비록 법관과 관료들의 임명동의 과정을 거치는 데 장기간의 지연이 어떤 사람을 범법자로 만들지는 않는다 하더라도 최근 들어 과도한 정당 간 정쟁의 한 유형으로 자리잡아 가고 있다. 그리고 그런 임명동의 과정의 지연은 대통령직의 수행능력을 저하시키고, 정치적 분위기를 해치며, 정치체계의 유효성, 합법성, 신뢰를 훼손하고 있다.

---

[16] Paul C. Light and Virginia L. Thomas, *The Merit and Reputation of an Administration : Presidential Appointee Initiative*(Washington, D.C. : The Brookings Institution, 28 April 2000), 8.

임명과정에서 당파성, 정치색, 갈등 등을 줄이기 위해 임명 동의권을 쥐고 있는 의원들은 그들의 관심사항을 공개적으로 밝힐 것을 요구받아야 한다고 제안하고 있다. 클린턴 대통령에 의해 임명된 한 각료는 의원들이 그 지명자를 반대하고 있다고 대통령 피임명자 위원회에 말했다. 그러나 누가 그 지명자를 반대하는지, 무슨 이유로 반대하는지를 알기란 매우 어렵다는 것이다.[17] 대통령 피임명자 위원회 위원장인 라이트(Paul C. Light)는 대통령이 임명해야 할 자리가 아주 많다고 주장했다. 그러면서 그는 대통령이 임명하는 관료의 반 정도는 아주 요식적인 간단한 임명동의 절차를 밟을 필요가 있다고 주장한다.[18] 추가로 대통령직 취임위원회(인수위원회)인 센츄리 화운데이션(Century Foundation)에 의해 수행된 '장애물 훈련장(Obstacle Course)'이라는 보고서에서 의회가 임명동의 처리과정에 걸리는 시간을 1주일 또는 10일로 제한해야 한다고 제안했다. 그리고 상원의원들 중 최소의 의원만이 임명처리 동의에 대한 보류를 요구해야 한다고 제안했다. 그리고 어느 상원 의원이 발언권을 통해 특권적 해결방안을 제안할 수 있어야 한다. 그래서 출석의원의 다수가 투표를 통해 임명처리의 지연을 끝낼 수 있어야 한다.[19] 그러한 규칙의 변화만으로 충분하지 않을 수

17 Ibid., 12.

18 Paul C. Light, "Battle of the Bureaus," *Washington Post*, 11 March 1999, A31.

있다. 권고하고 동의할 수 있는 상원의원의 권리를 지키고 더 나아가 의원들이 지나치게 당파성을 막는 다른 방법이 곧 모색되어야 한다.

백악관 참모의 행정적 특권?

만약 대통령이 어느 보좌관이 대통령의 사적인 심사숙고의 내용을 공개적으로 밝힐 수도 있다는 점을 두려워한다면 미래의 대통령이 자신의 업무를 잘 수행할 수 있을 것이라고 보기 어렵다. 대통령의 통치행위에 대한 이런 잠재적인 장애물은 정해진 참모들에게만 종합적인 행정적 권한을 부여함으로써 해소될 수 있다.

클린턴 대통령에 대한 법률 소송절차 동안 이 문제를 담당하였던 지방법원의 최고 판사인 존슨(Norma Holloway Johnson)은 행정적 특권에 대해 오히려 제한적 정의를 정교화했다. 대통령 친구들이 국가 안보와 외교비밀 또는 공식적인 정부의 문제에 대해 은밀하게 나눈 이야기 내용을 밝히려고 할 때만이

19 Task Force on Presidential Appointments, "Obstacle Couse : Report of the Task Force on the Presidential Appointment and Senate Confirmation Process" (Washington, D.C : Century Foundation, September 1996), 23.

대통령의 친구들의 증언을 막는 데 대통령 참모들의 특권을 사용해야 한다고 존슨은 주장했다.[20] 그녀는 대통령의 공식적인 업무의 어느 다른 부분을 증언해달라는 부탁을 받는 사람의 특권을 인정하지 않았다.

이런 판결의 결과는 무서운 것이었다. 그래서 백악관 참모들은 기록하고 메모하기를 꺼린다. 왜냐하면 그 참모들이 미래에 이런 기록들이 밝혀지는 것을 두려워하기 때문이다. 예민한 문제를 다루는 회의에 참석 인원이 제한되었다. 이런 일련의 결과가 정부의 고위층에서 효과적으로 업무를 수행할 수 없는 분위기를 낳게 된다. 만약 심각한 위반사항이 있다는 명백한 증거가 없다면 백악관 핵심 참모들이 심의사항과 서류에 대한 증언을 거부할 특권을 부여해 주는 것도 한 방법일 수 있다. 그밖의 다른 방법이 있을 수 있다. 그러나 분명한 것으로 만약 강한 행정적 특권이 백악관 참모들에게 확대되지 않는다면 이와 같은 조사가 남발될 것이며, 대통령 업무에 심각한 지장을 초래할 것이다.

20 Norma Holloway Johnson, *Re Grand Jury Proceedings*, Misc. Action No. 98-095, U.S. District Court for the District of Columbia, 26 May 1998.

결론

여기에서 제시된 게임(정치게임, 인간 사회 갈등해결의 게임)의 규칙을 수정한 내용의 일부 그리고 전부에 대해 불만족스럽게 생각할 수도 있다. 그리고 새롭게 주장된 게임의 규칙은 당파적 갈등을 전면적으로 불거지지 않도록 하는 경계선의 역할을 할 수도 있다.

클린턴 대통령의 상담역을 담당했던 베겔라(Paul E. Begela)는 다수당 의원인 드레이(Whip Tom Delay)를 상대로 고소한 동료 민주당원을 다음과 같이 비판했다 :

> 드레이에 대한 민주당 의원들의 협박에 가까운 고소는 윤리적 · 법적 · 정치적으로 잘못이다. 클린턴 대통령을 상대로 투쟁했던 것에서 드러났듯이 개인적인 파멸의 정치를 나는 싫어했다. 법체계를 단순히 정치의 수단으로 삼는 것은 역시 잘못된 것이다. 자유사회에서 정치적 차이는 법원이 아닌 유권자들에 의해 가장 합법적으로 결정된다.[21]

21 Paul E. Begala, "Democrats Play the Vengeance Game," *New York Times*, 10 May 2000, A31.

일단 개정된 규칙들이 대통령의 통치행위를 위한 지침이 된다면 의원들을 포함한 다른 선출직들에게도 동일한 규칙의 개정작업이 이루어질 수 있다. 규칙과 문화를 개정하는 것은 서로 협조와 동의 하에 이루어져야 한다. 새로운 규칙이 더 많은 동의를 얻게 되면 될수록 정치는 덜 파괴적이게 된다. 정치가 덜 파괴적일수록 유익한 규칙들을 제정하는 일이 더욱 용이하다.

똑같은 근본적인 이유로 사회 내의 갈등 당사자들은 반대자를 악마로 간주하기보다는 문명과 예의의 규칙을 잘 따라야 한다. 우리는 테넌(Deborah Tannen)이 논쟁문화(the argument culture)[22]로 불렀던 것에서 차이와 다름이 공개적으로 논의되는 문화로 바뀌어야 한다. 반면에 토론자는 서로 간에 싸움으로 발전되지 않도록 조심해야 한다. 동일성의 정치(identity politics)[23]에 대한 최소의 관심과 인종 간, 남녀 간 공공의 토대 마련에 대한 요구는 이러한 공동체주의적 사고방식이 상당히 현실적이고 실현 가능하다는 점을 보여주고 있다.[24]

---

22 Deborah Tannen, *The Argument Culture : Moving from Debate to Dialogue* (New York : Random House, 1998).

23 역자 주 : 동일성(同一性) 정치라고 하며, 이는 특정 종교 · 민족 · 사회적 배경을 가진 사람들이 배타적인 정치적 유대를 결성하는 경향이 있다.

깨끗한 정치 : 이익을 초월하여

시장과 국가 사이의 적절한 균형에 관한 문제는 엄청난 경제력이 강력한 정치력으로 전환되는 것을 막는 것보다 덜 중요하다. 진실한 민주적 사회의 심오한 교훈은 자신의 부와 사회적 지위의 차이에 관계없이 사회의 모든 구성원들은 동등한 시민이라는 사실이다. 미국이 금권정치로 빠짐에 따라 이런 중요한 교훈은 점차로 퇴색해 가고 있다. "1달러 1표"가 "1인 1표"의 민주적 원리보다 훨씬 더 정확히 우리의 현재의 정치체계를 특징짓는다. 부자를 후원자로 둔 후보는 가난한 후보를 항상 선거에서 이기는 것은 아니지만, 아주 빈번히 경제적으로 부유한 후보가 그렇지 않은 후보를 선거에서 이긴다. 더 나아가 의회나 지방 의회에서 입법화된 법률의 상당 부분이 경제적 최상층부 사람들에게 유리하게 작용하고 있다.[25]

이러한 현대의 정치체계에 대한 옹호자들은 돈으로 영

24 아프리카 아메리칸(아프리카 출신 미국인)이며, 뛰어난 사회과학자이자 공공 활동가(운동가)인 래드너(Joyce Ladner)는 인종을 뛰어넘는 협동체제를 구축하기 위하여 아프리칸 아메리칸 공동체의 형성을 요구했다. Joyce Lander," A New Civil Rights Agenda," *Brookings Preview* 18, no. 2 (Spring 2000) : 26–28.

향력이 아닌 접근 통로만을 살 뿐이라고 주장한다. 그러나 민주주의에서 접근 통로는 어떤 후보자나 사회적 이슈가 얼마나 많은 유권자를 확보했느냐에 따라 결정되어야 하고, 어떤 사람의 은행계좌에 있는 돈의 양에 따라서가 아니라 그 나라를 위한 잠재적 가치와 재화에 그 기반을 두어야 한다. 만약 회사, 노동조합, 은행, 부동산 조합 등이 어느 후보나 정당에 지불한 기부금에 대한 아무런 반대급부 없이 돈을 쾌척(快擲)했다면 그 단체나 구성원의 신망을 저버린 어리석은 짓임에 틀림없다. 정치인이나 정당에 수백만 달러를 건네준 이익집단이 해당 정치인에게 아무런 반대급부를 바라지 않는다고 순진하게 믿는 사람은 우리의 사회적 문제를 해결하기 위해 차라리 이빨요정(어린이의 젖니가 빠졌을 때 이것을 베개 밑에 넣어두면 요정이 가져가는 대신에 돈을 두고 간다고 함)을 기다리는 편이 낫다. 차라리 그런 관측자는 돈이 어느 위원회의 위원에게 흘러들어 가는지, 특수 이익집단이 어느 위원회에 기부금을 제공하는지를 면밀히 파악해야 한다. 돈이 영향력이 아닌 로비 창구를 산다는 주장은 터무니없는 것이다.

---

25 Elizabeth Drew, *The Corruption of American Politics : What Went Wrong and Why*(Woodstock, N.Y : Overlook Press, 2000); John B. Judis, *Paradox of American Democracy : Elites, Special Interests, and the Betrayal of the Public Trust*(New York : Pantheon Books, 2000).

일부 사람들은 시민들이 어떤 특수한 원인이나 이익이 시민들의 관심 사항인지를 선출직 관리에게 청원할 권리를 가지고 있다고 의미하기도 하는 로비는 끊임없이 보호받아야 할 활동이라고 지적한다. 선도적인 정치과학자인 윌슨(Jumes Q. Wilson)은 최근 들어 『정부가 정략적으로 내주는 보조금 또는 지위는 합법적이다』라는 제목으로 『월스트리트 저널(*Wall Street Journal*)』에 동시 출판된 에세이를 집필했다. 그 글에서 유권자들이 그들이 뽑은 관료에게 글을 쓴다든지, 청원서를 보낸다든지, 이야기를 길게 늘어놓는다든지, 그들의 귀를 기울이게 한다든지 함으로써 로비하는 것은 아주 민주적인 활동이라는 것이다. 그러나 다량으로 돈을 줌으로써 영향력을 확보하려는 행위는 헌법이 용납하지 않는 로비의 관행이라는 것이다.

개인의 돈이 정치인의 손으로 흘러들어 가는 것을 막을 방법이 없다는 생각은 맞는 말일 수 있다. 그러나 영국과 캐나다의 경험은 비록 정치인들에게서 성인(聖人)다운 생각과 행동을 기대할 수는 없지만, 중앙 정부와 지방 정부 차원의 선출직들이 미국에서 개인의 정치헌금에 의존하는 것보다 영국과 캐나다의 정치인들은 훨씬 덜 개인의 정치헌금에 의존하고 있다는 점을 보여주고 있다. 영국에서 선거비용은 미국에서보다 훨씬 덜 든다. 왜냐하면 선거기간이 아주 짧기 때문이다.[26] 각 후보는 작은 정해진 선거비용만을 써야 한다. 선거비용은 복잡한 정칙(定則)에 의해 정해지지만 대략 영국 돈으로 9,000파운

드나 미국 돈으로 15,000달러 정도를 선거비용으로 쓰게 된다. 이는 대부분 미국의 후보들이 수백만 달러를 쓰는 것에 비하면 새발의 피다. 만약 어떤 후보가 상한선을 초과하여 사용했다면 선거결과는 무효화되며, 후보의 선거 책임자는 감옥에 갈 수도 있다.[27] 대신 후보는 무료로 자신의 선전물을 유권자들에게 우송할 수 있으며, 정당은 무료로 텔레비전 방송을 통해 자당의 후보를 알릴 수 있다.[28]

미국의 대법원은 1976년 어떤 형태의 선거비용 개혁을 묵살했다. 그러나 선거비용 이외의 일부 다른 것은 헌법적 목적에 부합한 것일 수 있다. 만약 그것들이 거부된다면 다음의 조치로 선거비용의 개혁과 선거비용의 공공 기금(국고)에서 사용하는 법개정 등을 가능하게 하는 헌법의 수정을 추진해야 한다.

선거에 국민의 세금을 낭비하지 말아야 한다는 주장은 만약 정치가 깨끗해지면 얼마나 많은 돈이 절약될 것인지를 알지 못할 경우에만 타당한 것이다. 최고의 부자나 회사들에게 제공된 특별한 세금 누수를 막는 것, 특수 이익집단에게 제공

26 Lisa Klein, "On the Brind of Reform : Political Party Funding in Britain," *Case Western Reserve Journal of Law* 31 (Winter 1999) : 1–46.

27 Ibid.

28 Ibid.

되는 특별 보조금을 취소하는 것, 상당기간 동안 부자들에게 대출을 중단하는 것 등의 이런 모든 조치들이 다음 선거비용을 충당하고도 남을 것이다. 그러므로 만약 국방부나 군사 전문가들조차 난색을 표명하는 무기체계들[예를 들어 하나에 30억 불씩 하는 추가적인 해적(Sea Wolf) 잠수함 구입, 하나에 15억 달러씩이나 하는 LHD-8헬기 수송기의 구입]을 우리가 포기시킬 수만 있다면 우리는 다음의 대통령 선거와 의원 선거 비용을 치르고도 큰 돈이 남을 것이다. 미국에서 선거비용은 약 30억 달러 정도가 드는 것으로 추산된다.[29]

이 분야에서 우리가 현재 직면해 있는 중대한 분야의 점차적인 개혁을 통해 금방 좋아질 가능성은 없어 보인다. 다만 대중을 미몽에서 깨어날 수 있게 해준다. 종합적인 개혁은 집단(회사, 단체, 법인)에 의해 제공된 모든 정치헌금을 금지시키고, 해외로부터의 헌금을 불법화하고, 투표권을 갖고 있지 않은 사람들로부터의 헌금을 불법화하고, 헌금액의 최대치, 예를 들어 개인당 100달러로 제한하는 것 등을 포함한다. 공적 자금이 총선에 출마한 정당 후보자들과 일정 이상의 사람들에게 추천을 받은 후보자들에게 제공되어야 한다. TV나 라디오

29 Water Shapiro, "Taxpayers Pick Up Tab of the Campaign Pipers," *USA Today*, 15 May 1996, 5A ; Don Van Natta Jr., "A $3 Billion Record, but Does Anyone Care?" *New York Times*, 23 January 2000, D1.

와 같은 공공 매체를 무료로 후보자 자신들을 유권자들에게 알리는 데 이용할 수 있도록 해주어야 한다.

연방(중앙) 선거관리위원회는 독립성을 확보하기 위하여 판사와 동일한 방식으로 임명되고 임기가 보장되는 위원들에 의해 운영되어야 한다. 선거관리위원회는 충분한 예산을 확보해 주어야 하고, 위반자를 적발하고 고발할 권한을 부여해야 하며, 애완견과 같은 작은 개(lapdog)에서 불법자를 색출하는 경비견(watchdog)으로서의 역할로 전환해야 한다.

정치적 투쟁을 완화할 수 있는 새롭게 강화된 규칙을 세울 필요가 있다. 세부적인 것을 새롭게 세울 여지는 있지만, 종합적인 선거비용에 대한 개혁 없이는 정부가 개인의 호주머니를 채우려고 하기보다는 공공의 이익에 관심을 두고 공공선에 이바지할 수 있도록 할 희망이 별로 없다.

제7장

다양성으로부터 하나로?

_다원성 내의 통합

잘 형성된 국가 사회는 수백만의 개인들로 구성된 것이 아니라 공동체들의 공동체로 구성된다. 이런 사회는 기본 골간을 제공한다. 그 기본틀 내에서 여러 하위문화뿐만 아니라 다양한 사회집단들은 굳은 결속력과 공유가치를 발견한다. 이런 기본 골간이 무너졌을 때 우리가 세계 도처에서 목도하는 것처럼 우리는 목청껏 자신의 주장만을 외치고 사악한 시민전쟁에 휩싸인 공동체를 발견하게 된다. 슐레싱거 주니어(Arthur Schlesinger Jr.)는 『미국의 분열(*The Disuniting of America*)』이라는 그의 책에서 우리 사회에 대한 우울한 미래의 모습을 그리고 있다.[1]

공동체들의 공동체는 앞으로 더 많은 관심을 가져야 할 두 측면에서 특별히 위협을 받고 있다. 미국 사회는 수십 년에 걸쳐 이민자가 증가함에 따라 급속도로 다양성이 팽배하게 되었다. 미국 사람들은 상호 간의 사회문화적 차이점을 깨닫게 되었다. 좌파쪽의 사람들은 백인 지배 사회가 서서히 끝나가고 있다는 점에서 다양성과 차이를 반긴다. 우파쪽의 사람들은 통합적이고 동질적인 미국을 만들기 위해 인종적 차이점을 없앨 것을 요구하고 있다.

공동체들의 공동체에 대한 또 다른 도전은 경제적 · 사회적 불평등이 오랫동안 지속적으로 늘어났다는 사실에서 비롯된다. 비록 다른 사람들은 인터넷이 이런 차이점을 연결시켜 줄 것이라고 믿을지라도 새로운 디지털 기술의 유무에 의해 이러한 구분이 새롭게 형성되기도 한다. 공동체들의 공동체가 과연 얼마만큼 불평등을 참아낼 수 있느냐를 물어야 할 시점에 와 있다. 만약 우리가 이러한 한계점을 넘어섰다면 어떤 중도주의적 수정이 우리에게 타당하겠는가?

---

[1] Arthur M. Schlesinger Jr., *The Disuniting of America : Reflections on a Multicultural Society*(New York : W. W. Norton and Co., 1998).

통합성 내에서의 다양성

다인종사회로서 미국은 통합의 장점과 다원성의 장점, 이민자들을 주류문화로 동화시키는 장점과 자신의 민족문화 유산을 간직하는 장점 등에 대한 오랜 논의가 있어 왔다. 이 중 어느 하나를 선택하는 것은 좋은 사회로의 공동체주의적 접근과 양립할 수 없다. 동화는 불필요하게 동질성을 추구하며, 사람들로 하여금 자신의 중요한 부분의 포기를 강요한다. 끝없는 인종적 · 문화적 다양성은 모두가 완전히 존중받는 사회를 위해서 너무나 많은 갈등을 유발할 수 있다. 따라서 공동체들의 공동체 개념[2]은 제3의 모델이 될 수 있다.

자신의 집단과 특수한 문화와 유산에 대해 헌신적인 애정을 갖는 것이 국가적 통합을 이루는 것과 양립 가능하다는 입장을 공동체들의 공동체 모델은 견지한다. 여기서 사회는 갈등의 영역으로서가 아니라 어떤 공동체를 갖고 있는 사회로서 인식되어질 때 그렇다는 것이다. 그래서 일부 사람들은 공동체

2 역자 주 : 공동체들의 공동체(a community of communities)는 여러 공동체들의 독자성을 인정하면서도 더 큰 단일의 공동체로의 통합을 목표로 삼는 것을 지칭한다.

들의 공동체를 상상의 공동체(imagined community)로서 언급하기도 한다. 그러한 사회의 구성원은 다층적 충성(layered loyalties)을 견지한다. 예를 들어 자신의 직접적 공동체인 인종적 집단에 대해서는 좀더 낮은 책무감을 지니고, 대체로 공동체들의 공동체인 국가에 대해서는 좀더 높은 책무감을 갖는 것이다. 이것은 곧 민주적 생활방식에 대한 헌신, 헌법, 더 일반적으로 말해 정부에 대한 헌신을 포함하며, 무엇보다도 타인을 수단으로서가 아니라 본질적으로 목적으로서 대우하는 것을 포함한다. 이러한 접근을 통해 다양성이 통합의 반대라는 등식을 피할 수 있으며, 통합 내에서 다양성이 존재할 수 있음을 사람들은 깨닫게 될 것이다.

더 나아가 특수한 공동체들의 공동체를 유지하는 것은 유럽연합, 캐나다와 멕시코를 포함하는 북미 공동체, 더 나아가 세계 공동체와 같은 더 광범위한 공동체들의 점진적 발전과 모순되지 않을 뿐만 아니라 양립 가능한 것이다. 20세기의 마지막 10년 동안 미국은 부분적으로 여성과 소수인종에 대한 부당한 대우를 시정하는 데 이바지했지만, 국가를 집단이나 민족의 경계선에 따라 분할하는 동일성의 정치에 의해 어려움을 겪어왔다. 다른 첨예한 대립이 종교적 권리와 사회적 안정 사이에 나타났다. 중도적 공동체주의 접근의 또 다른 장점은 공공의 토대를 확장하고 집단 간의 장황한 수사를 잠재우는 노력과 결합해 왔다는 것이다. 그러므로 공동체주의자들은 남성과 여성들 사이의 갈등을 종식시키는 데 이바지해 왔다. 프리단(Betty Friedan : 공동체주의 강령의 발기인 가운데 한 명)은 1997년 그러한 시도를 했다.[3]

복지, 보건, 그밖의 다른 사회적 서비스 등의 분야에서 신념(신앙)에 기초한 집단을 포함시키고 공립학교에서 일부 형태의 종교적 활동을 허용하는 데 있어서의 새로운 유연성은 종교적 권리와 사회적 안정 사이의 긴장을 해소시켜 주었다. 공립학교에서 종교적 표현에 대한 국가 차원의 가이드 라인은 1995년 8월 클린턴 대통령의 지시에 따라 미국 교육부에 의해 철폐되었고, 종교적 표현의 유연성 증대에 이바지했다. 예를 들어 1996년 7월에 이런 가이드 라인은 미조리의 세인트루이스(St. Louis) 학교 위원회를 자극했고, 그 결과 학교 기도문에 대해 확실히 규정된 지역별 정책을 충족시켜 주었다. 이런 정책은 이런 교육에서 종교의 역할을 어렵게 했던 혼란이나 논쟁을 완화시켜 주는 데 이바지했다.[4]

해커(Andrew Hacker)[5]에 의해 강조된 것이기도 한 백인

---

3 Betty Friedan, *Beyond Gender : The New Politics of Work and Family*(Washington, D.C. : Woodrow Wilson Center Press, 1997).

4 Richard W. Riley, "Secretary's Statement on Religious Expression," U.S. Department of Education Release to Educators, June 1998. http://www.ed.gov/Speeches/08-1995/religion.html.에서 2000년 8월 14일에 검색되었다.

5 Andrew Hacker, *Two Nations : Black and White, Separate, Hostile, Unequal*

과 흑인들이 인종문제에 대해 공개적으로 대화하지 않으려는 성향은 어느 정도 극복되었다. 괄목할 만한 성과를 거두지 못했다 하더라도 이 방향으로의 중요한 노력은 클린턴 대통령의 인종문제에 대한 자문위원회에 의해 이루어졌다. 그리고 미국 역사상 최초로 유태인이 미국의 부통령으로 주요 정당에 의해 지명되었다.

가까운 미래에 한편으로 미국 사회를 구성하는 여러 공동체의 합법적인 관심과 요구, 다른 한편으로 공동체들의 공동체로서 우리 사회를 만들려는 노력과 필요 사이의 조화를 위한 더 강도 높은 정책적 노력들이 요구될 것이다. 다른 조직적인 활동에서 시간을 보내기 위해 종교활동에 참여하기를 희망하지 않는 학생들을 위해 충분한 사전 준비나 사전 조정이 이루어진다면 학생들에 의해 자발적으로 이루어지는 기도는 공립학교에서도 허용되어질 수 있다. 수많은 세속적 프로그램들 가운데서 방과 후 종교모임의 결성에 대한 강압적인 반대의 이유는 없다. 인종들 사이의 정직한 대화를 위한 혁신적인 노력이 상당히 어렵지만 필요하다. 이런 조치 중 어느 것도 여러 공동체들 사이의 차이를 없애지는 않을 것이다. 공동체들 간 차이의 상당 부분은 우리의 문화와 사회적 삶을 풍요롭게 해줄 것이다. 그러나 이러한 조치들은 미국 사회를 결속시켜 주는 기

(New York : Ballantine Books, 1995).

본틀을 강화하는 데 상당한 도움을 줄 수 있다.[6]

불평등에 대한 제한

만약 사회의 하층민을 나락으로 떨어뜨리는 것을 포함한 복지의 총체적 증가가 엘리트와 보통 사람들 사이의 경제적 격차를 계속 벌려놓는다면 사회는 공동체로서의 지위를 오랫동안 유지할 수 없다. 다행히 1996년과 2000년 사이에 미국에서 경제적 불평등은 늘어나지 않았다.[7] 그리고 여러 조치를 통해 연방 정부의 소득세가 크게 누진과세되어 늘어났다.[8] (반대는 급여 지불 총액세에 대해 논의되어야 한다.)[9] 2000년도 원천소득세를 환급받은 사람들 중 약 1/3은 세금을 내지 않았고 국세청으로부터 환급금을 추가로 받기까지 했다.[10] 그러나 20세기

6 더욱 많은 논의를 위해 다음을 참조하라. Amitai Etzioni, *The Monochrome Society*(Princeton : Princeton University Press, forthcoming).

7 Robert Z. Lawrence, "Inequality in America : The Recent Evidence," *The Responsive Community* 10, no. 2 (Spring 2000) : 4–10.

8 Jodie T. Allen, "Why the Tax Issue Can't Get Traction," *U.S. News and World Report*, 24 April 2000, 30.

9 Ted Halstead, "The Big Tax Bite You Don't Even Think About," *Washington Post*, 23 April 2000, B5.

말 수입의 불평등 정도가 이전보다 훨씬 더 높아졌다. 1997년과 1999년 사이에 미국 전체 인구 중 상위 1%의 세후 수입이 115% 증가했다. 반면에 미국 인구 중 하위 20%의 세후 수입은 9% 감소했다.[11] 가까운 미래에 이런 경향이 개선될 가능성은 그리 많아 보이지 않는다.

우리는 사회적 정의가 무엇을 요구하는지를 토론할 수 있다. 공동체가 무엇을 요구하는지에 대해 의심의 여지가 없다. 만약 공동체의 일부 구성원들이 대부분의 다른 구성원들의 생활수준과 큰 차이가 벌어진다면 그들은 공동체의 나머지와 관계를 점차로 단절하게 될 것이다. 사적 · 공적 기관이나 조직을 책임지고 있는 사람들이 큰 저택, 운전사가 딸린 리무진을 소유하고 하인과 개인 트레이너를 고용할 정도로 호화로운 삶을 살수록 공동체의 다른 구성원들과 밀접한 유기적 관계를 유지하며 살아갈 가능성은 더욱 줄어들게 된다. 그러한 고립은 사회적 결속력을 약화시키고 특권층의 사람을 공동체의 도덕적 문화와 격리시킬 뿐만 아니라 동료 시민들의 삶과도 괴리될 수밖에 없다. 따라서 이런 결과는 그들이 이끄는 기관이나 조직, 그리고 그 구성원들이 속한 사회 구성원들의 신뢰를 손상

10 Allen, "Why the Tax Issue Can't Get Traction," op. cit., 30.

11 Isaac Shapiro and Robert Greenstein, *The Widening Gulf* (Washington, D.C.: Center on Budget and Policy Priorities, September 1999).

시키고 거부감을 일으킬 비현실적인 정책을 선호하도록 할 것이다.

그렇다고 국가가 결과의 평등을 실현하고자 하는 것은 성취동기와 노동의욕을 저하시킨다는 것도 오랜 논쟁을 통해 드러났다. 결과의 평등은 노동비용이 높아지기 때문에 세계화 시대에 경쟁력을 상실하게 만든다는 것도 주지의 사실이다. 따라서 기회의 평등이 하나의 대안으로서 모색되어야 한다.[12] 그러나 기회의 평등을 보장하기 위하여 어느 정도 결과의 평등도 제공되어야 한다. 흔히 이야기되는 것처럼 모든 사람들이 비슷한 기회를 갖기 위하여 그들은 동일한 출발선에 서야 한다. 이는 모든 사람들이 비슷한 기반을 가지고 있을 때만이 도달될 수 있는 것이기도 하다. 예를 들어 빈곤층의 아이들을 평균 정도의 교육을 받도록 해준다든지, 사양길의 직업에서 해직된 노동자들에게 새로운 직업훈련을 시킨다는 것 등은 기회의 평등을 가능하도록 해주는 결과의 평등의 예이기도 하다.

불평등을 완화시키기 위한 추가적인 정책은 양 극단의 격차를 줄이는 것이다. 앞에서 논의된 기본적인 최소의 수요를 보장해 주는 정책도 경제적 피라미드에서 하층에 있는 사람들을 끌어올려 줌으로써 이 목적에 이바지하게 된다. 그 격차를

12 Isabel V. Sawhill, "Still the Land of Opportunity?" *The Public Interest* 135 (Spring 1999) : 3–17.

줄여주는 것은 교육과 훈련 프로그램에 초점을 맞추는 것이다. 그러나 이것의 효과는 아주 천천히 나타나게 된다. 그러므로 수입소득세의 감면을 늘려준다든지, 최소 임금수준을 상향조정한다든지 새로운 공유기업을 세움으로써 단기적으로 더 많은 효과를 볼 수 있을 것이다.

자신의 재산이 아무 것도 없으면 아무리 열심히 노력해도 부자가 되기가 참으로 어렵다. 가난한 사람들은 특별히 손해가 된다. 왜냐하면 재산, 특히 개인 주택을 소유하고 있는 사람은 사회에서 잘 대접받을 가능성이 아주 높으며, 공동체의 구성원으로 소속감을 느낄 수 있기 때문이다. 그리고 여러 조치를 통해 주택 소유자들은 그들의 공동체적 삶에 더욱 더 많이 관여하게 된다. 그리고 그들의 자녀들도 학교를 중도 포기할 가능성이 그리 많지 않다. 대략 미국 사람들 중 1/3이 자기 집을 소유하지 않고 있으며, 미국 내 아프리카 사람들이나 히스페닉 사람들의 47%가 집을 가지고 있는 데 비해 미국 내 백인들은 73%가 자택을 소유하고 있다.

여러 조치들을 통해 제한된 자원을 가진 사람들이 연방저당권협회(Fannie Man : 저소득층의 사람들에게 주택자금을 융자해 주는 회사)와 같은 연방 정부가 보증하는 금융회사를 통해 주택 구입 비용을 빌릴 수 있도록 해주는 여러 대책들이 이제까지 주택 소유를 높이는 데 도움을 주어왔다. 특히 적은 재산을 가진 사람들을 위해 이러한 정책들이 더욱 더 확대 실시될 필요가 있다.[13] 미국에서 근로소득세 공제(Earned Income Tax Credit)와 영국에서 근로가족 세액공제(Working Families Tax Credit)에서 사용된 동일한 모델을 따름으로써 저소득층의 소득 보전이 가능해질 수 있다. 즉, 일정 소득 수준 아래 사람들에게 모기지(주택 융자)를 통한 이익을 준다든지, 그들에게 1달러를 2달러로 인정해 주는 것은 모기지를 위한 종자돈을 마련해 주는 효과를 줄 수 있을 것이다. 그리고 예를 들어 자신의 주택부지에서 열심히 일한다면 땀의 공명정대함을 통해 미래의 집주인이 되도록 해줄 것이다. 휴머니티를 위한 해비타트(Habitat) 재단이 지은 집으로 혜택을 본 사람은 스스로 일부의 경제적 부담을 하든지 자신의 집을 지을 때 와서 일을 할 것을 요구받는다. 일반 사람들로부터 극단적인 호평을 받지는 않았을지라도 이러한 노선의 여러 아이디어가 여러 정책 연구가들에 의해서뿐만 아니라 2000년 선거운동 과정에 고어(Gore)와 부시(Bush)에 의해 쏟아져 나왔다.

기획사업구역(Enterprise Zone : 우리나라의 취로사업과 같은 것)을 통해 가난한 이웃들에게 직업을 구해주고 장기간 실업상태에 있는 사람들에게 직업기술을 훈련시킴으로써 만성적인 실업을 감소시키는 것은 너무 비용이 많이 들고, 효과도

13 Michael Sherreaden, *Assets and the Poor : A New American Welfare Policy*(New York : M. E. Sharpe, Inc, 1991).

느리며, 종종 성공을 거두지도 못한다. 가난한 지역으로부터 비교적 직장이 많은 지역으로 옮기는 정반대의 정책도 현재 살고 있는 생활 공동체를 편안하게 느끼고 있는 사람들뿐만 아니라 이주할 지역의 원주민들에 의한 반대에 부딪힐 수 있다. 제3의 접근은 훨씬 더 광범위한 노력이 요구된다. 이것에는 취업의 장소로 준비된 거주지 이동을 포함한다.

높은 수준의 부를 완화하는 조치로는 누진소득세와 여러 형태의 상속세를 포함하며, 세법에서 수많은 허점을 틀어막아야 하며, 근로소득세를 부과하는 것처럼 자본소득세도 부과하여야 한다. 만약 그런 조치들이 한 나라의 경쟁력을 심각하게 약화시킨다면, 여러 불평등을 완화시키는 조치들이 대규모로 적용될 수 없다는 점을 감안한다면, 이러한 조치의 도입은 다른 OECD국가들과 공동 보조를 맞추도록 해야 한다. 더 바람직한 것으로 주요 경쟁국들과 무역 상대국들과 이런 조치들의 도입에 공동 보조를 맞추어야 한다.

미국의 국세청이 부자(연간 수입이 100,000달러 이상인 사람)보다 더 많은 가난한 사람(연간 수입이 25,000달러 이하인 사람)에 대해 세무조사를 한다는 사실을 알게 되면 사람들이 아주 절망적일 필요도 없고, 더 이상 자유주의자일 필요도 없다. 오히려 엄격한 공동체주의자일 필요가 있다. 1999년에 미국의 국세청은 부자 납세자들 중 1.15%를 대상으로 세무조사를 했고, 가난한 사람들 중 1.36%를 대상으로 세무조사를 했다.

1988년에 부자들 중 11.41%를 대상으로 세무조사를 했다. 10년이 지난 후 부자를 대상으로 한 세무조사가 약 90%나 축소되었다.[14] 비록 미국의 회계 감사원(General Accounting Office)이 부자가 가난한 사람보다 세금을 탈루할 가능성이 높다는 것을 알고 있을지라도 미 의회가 세무조사를 위한 필요한 재원을 허가하지 않았기 때문에 이런 일이 발생한 것이다. 이런 결과는 클린턴 행정부가 도입했던 근로소득세 공제(Earned Income Tax Credit)를 가난한 사람들이 남용할 것이라는 공화당 의원들의 생각을 반영한 것이기도 하다. 향후 10년 내에 이런 불균형을 시정하도록 노력해야 한다.

궁극적으로 사회의 도덕적 문화와 그것을 고무하는 의지의 변화가 있어야만이 이런 문제들이 주목받게 될 것이다. 그런 변화 없이 부의 중요한 재분배는 강제적으로만 실현될 수밖에 없을 것이다. 그런 강제력은 민주주의 사회와는 양립할 수 없으며, 부의 유출을 낳을 것이며, 경제 전반에 심대한 타격을 줄 것이다. 반대로 초기 기독교로부터 페비안 사회주의[15]로

14 자세한 통계를 알려면 다음을 참조하라. "IRS Audits Target the Working Poor ; Congress Wanted Crackdown on Abuse of Low-Income Tax Credit," *St. Louis Post-Dispatch*, 16 April 2000, A10.

15 역자 주 : 페비안 사회주의는 그 이념이 노동당에 의하여 받아들여져 실천되고 있다. 페비안 사회주의의 철학적 출발점은 벤담(J. Bentham), 밀(J. S. Mill)이 주장한 최대다수의 최대행복이라는 것을 합리적인 사회

의 이행의 역사는 진보적인 가치를 공유한 사람들은 그들의 부의 일부를 자발적으로 공유하려는 경향이 있다는 점을 우리에게 가르쳐 주고 있다. 좋은 사회는 명령에 의해서라기보다는 모두를 포함한 대화를 통해 그런 가치를 촉진하고자 한다.

경제적 · 사회적 기업가 정신을 증진하기 위하여 자본소득에 대한 세금을 많은 유럽 사회에서 그렇게 하는 것처럼 혁신과 변화의 경제적 엔진에 손상을 입히지 않을 정도로 낮게 책정되어야 한다. 동시에 투자한 사람과 비교할 때 열악한 상태에서 일하는 사람들에게 세금을 부과하지 않아야 한다. 만약 세금이 원천징수된다면 근로자와 투자자 모두로부터 원천징수되어야 한다(비록 투자에 대한 원천징수는 자본의 유출을 막기 위해 광범위한 국제적 동의를 요구한다 할지라도 말이다).

기업에 의해 납부되는 세수의 몫이 점점 줄어드는 경향이 있다. 점차적으로 개인의 세금과 기업의 세금 사이의 균형은

적 목표로 하고 있는 공리주의에서 나온다. 페비안이란 말은 고대 로마의 장군 파비우스를 말하는데, 카르타고의 한니발 장군의 침공을 막아낸 침착한 성품의 전략가를 추종하는 사람이라는 의미이며, 성급하게 사회를 개선하지 않겠다는 의도가 엿보인다. 따라서 페비안들의 목적은 소수의 번영을 거부하고 여기에 사회개혁을 성취하는 데 있는 것이다. 페비안 사회주의자들은 인간과 사회를 이분법적으로 나누고 투쟁에 의해 정치권력을 독점하고 새롭게 사회질서를 개편하려는 생각보다 선한 인간성을 회복하고 서민들의 자유와 보다 나은 생활조건을 구할 수 있는 조용한 사회운동을 중시하였다.

경제가 1년에 6% 이상 성장하였고, 인플레이션이 매년 1.3% 이하였던 1960년대 초반에 있었던 수준으로 회복되어야 한다. 1960년도에 기업은 미국 전체 세수의 23.2%를 납부했다. 1979년에 이 수치는 14.2%였고, 1999년에 10.1%로 떨어졌다.[16]

과세공제는 공공 부분이 역이용당하고 공공 이익이 무시되는 주요한 방식이다. 그러한 과세공제는 매력적인 것이기도 하다. 왜냐하면 특정한 사람이나 집단에게 비용을 전가하지 않고도 정치인들이 그들에게 호의적인 이익집단에게 대량으로 세금감면을 시켜줄 수 있는 인기 있는 정책이기 때문이다. 실제로 과세공제는 거지에게 주는 돈과 크게 다르지 않다. 과세공제는 부자들에게 크게 혜택이 돌아가며, 중산층에게 상대적으로 적게 혜택이 돌아가고, 가난한 사람들에게 거의 혜택이 돌아가지 않는다. 과세공제의 대부분을 없애는 것은 우리 스스로를 지배하는 방식을 개혁하는 데 있어서 가장 우선을 두어야 한다. 그런 계획은 그다지 환영받지 못한다. 그렇지만 많은 그러한 세제상의 허점을 이전부터 가장 최근 들어서는 1986년 세제개혁법(Tax Reform Act)이 만들어짐으로써 많이 보완되어 왔다.

16 Executive Office of the President of the United States, Budget of the United States Government, Fiscal Year 2001 (Washington, D.C. : U.S. Government Printing Office, 2000).

사이버 공간은 더 이상 면세의 구역(a tax free zone)이어서는 안 된다. 이런 입장은 이미 민주당과 공화당의 주지사에 의해 지지받고 있다. 장난감에서 모터(brick-and-mortar)사업에 이르기까지 불공정한 경쟁이 이루어지고 있다는 점을 제쳐두더라도, 점점 더 많은 상거래가 사이버 공간으로 옮겨감에 따라 세수원이 점점 줄어들기 때문에 재산세와 소득세를 늘리기 위해 공동체에 압력을 가하게 된다. 세금의 부담이 있기 전에 홀로 설 수 있는 방법을 모색해야 하는 새로운 분야로서 보호가 필요하다는 제안은 좀 생뚱같아 보인다. 이 새로운 경제분야는 경기침체와 억제에도 불구하고 날로 성장하고 있다. 만약 경제에서 어느 분야의 보호가 필요하다면 그것은 장난감에서 모터(brick-and-mortar)사업에 이르는 분야이다. 그러나 나는 어떤 종류의 특별한 산업정책을 요구하지 않는다. 보호를 필요로 하는 부분은 사회를 더 안전하게, 더 품위 있게, 더 인간적인 곳으로 만들어 공공의 목적을 위해 지불해야 할 충분한 세입을 거두어들일 능력인 것이다.

지식사회와 결핍의 종말

지식기반 경제로의 전환을 촉진하는 일의 중요성에 대

해 많은 논의들이 올바른 방향에서 계속 있어 왔다. 어느 정도 재산이 있는 사람은 공동체의 구성원으로 편입되기가 더욱 쉽고 자녀들의 교육도 중도하차 없이 잘 시킬 수 있다. 미국민들 중 대략 1/3 정도가 자신의 집을 소유하고 있지 않다. 백인의 73%는 자택을 소유하고 있지만 흑인이나 히스페닉의 47%만이 자택을 소유하고 있다.

지식기술 사회로의 전환은 기술뿐만 아니라 인간에 대한 투자(교육, 훈련, 재교육)에 높은 우위를 둔다. 지식과 기술은 경제를 성장시키고, 생산적으로 만들고, 경쟁력을 갖추는 데 필수적인 요인으로 간주되고 있다. 그런 투자는 근무지로의 이동을 줄여줌으로써 환경의 요구와도 부합하고, 자택근무를 가능하게 함으로써 가정 친화적인 노동을 증진시켜 줄 뿐만 아니라 고통스런 노동에서도 벗어나도록 해준다. **그러나 놀라운 것은 자체적으로 관심을 받을 만한 지식기반 경제의 특징, 즉 생필품의 부족을 극복할 수 있고 사회정의를 증진시켜 줄 그 잠재성에 크게 주목하지 않는다는 사실이다.**

지식은 산업사회가 전통적으로 의존했던 자원(철강부터 정유에 이르는 자본재)과는 크게 다르다. 정보는 동시에 공유될 수 있고 함께 사용될 수 있다. 만약 어떤 공장이 1톤의 철강을 사용한다면 그것은 다른 사람이 이용할 수 없게 되며, 자원배분의 문제를 야기하며, 자원 희소성의 문제를 야기한다. 구경제학 교과서는 경제학의 핵심에 이런 문제들을 늘 담고 있었다.

그러나 새로운 경제에서 프로그래머가 인터넷상에 어떤 디자인을 올려놓았을 때 그것이 더 좋은 쥐덫이건, 집이건, 지정 비행경로이든, 장식장이든 간에 수백만 명의 사람들이 그것을 이용할 수 있으며, 발명자는 여전히 그 원본을 소유하게 된다. 그 과정에서 과거 형태 자원의 최소한 사용이 있을 수 있다. 예를 들어 그 디자인을 복사하는 동안 인터넷 연결의 비용이 있을 수 있으나 그것은 아주 사소한 것이다. 수만 명의 사람들이 전혀 원본에 손상을 주지 않으면서 음악, 시, 영화 등을 다운받을 수 있다. 물론 이런 식으로 공유되지 않고 또 공유되지 않아야 할 인터넷상의 많은 아이템들, 예를 들어 지적 재산권과 특허권을 가지고 있는 것들이 있고, 간접적으로 지불되는 것(예를 들어 광고를 봐야 한다든지 개인 정보의 일부를 제공한다든지)이 있을 수 있으나 새로운 아이템이나 정보들이 무료로 인터넷상에 분배되어지고 있다.[17] 새로운 경제의 이러한 특징이 얼마나 독

---

17 관련 참고자료는 광고를 보는 것으로 지불되는 아이템을 주로 말하지 않는다. 이러한 의미에서 TV는 무료 자료이다. 특별히 참고자료는 자료를 암호화함으로써 그들의 메시지를 보호하려 해놓은 소프트웨어인 Pretty Good Privacy와 같은 아이템이나 완전히 무료로 학자에 의해 인터넷상에 탑재한 컨텐츠를 말하는 것이다. 역자 주 : Pretty Good Privacy : PGP는 인터넷의 전자우편을 암호화하거나 부호화시켜 제3자가 알 수 없도록 하는 보안 프로그램이다. 1991년 필 짐머맨(Phil Zimmermann)이 개발한 후 전자우편 보안에 있어서 사실상의 표준이 되었다. 전자우편은 인터넷상에서 마치 우편엽서와도 같아 주고받는 이들의 주소는

특한지를 극적으로 표현해 본다면 모세가 엄청난 기적이라고 생각했던 것과 유사하다. 즉, 불에 타기는 타는데 태워지지 않는 수풀과도 같다.

사람들이 지식과 문화재에 의존함으로써, 즉 인터넷에서 다운받은 책을 읽고, 인터넷에서 체스게임을 하고, 가상적인 자립적 그룹에 참가함으로써 자신의 욕구를 만족하면 할수록 희소성은 점점 사라지고 나와 그것의 영역은 점점 줄어든다. 희소성의 문제는 역사상 해결될 수 없는 과제이다. 그러나 사람들이 널리 이해되어지는 문화를 포함한 지식의 원천에 의존하면 할수록 사람들 사이의 관계는 더욱 더 목적에 기초한 관계가 형성될 수 있다.

일반적으로 지식기반 경제를 고양하는 것과 사회정의를 증진시키는 것 사이에 심오한 관계가 있다. 실질적으로 사회정의의 초기 이론들은 부유하게 재산을 물려받은 사람들로부터 커다란 자원을 취하고자 하고 가난한 사람들에게 자원을 나누어 주고자 하는 생각에 기초하고 있다. 이러한 생각은 분명히 정치적 곤경을 초래할 수 있다. 여러 측면에서 평등의 실현은 자유의 박탈을 요구한다. 그러나 만약 기본적인 욕구가 충족되는 사람들이 희소성의 문제를 야기하지 않는 분야에서 자신의

물론 내용까지 해킹당할 가능성이 많다. 이러한 단점을 보완하여 전자우편을 마치 편지봉투처럼 만든 것이 PGP이다.

만족을 얻어낼 수 있다면, 물질적 재화를 가난한 사람들에게 전환하는 것에 대해 반대하는 사람들을 무마시킬 수 있는 길이 열리게 될 것이다. 그리고 더 적게 소유한 사람들이 새로운 지식세계로의 접근에 필요한 기본적인 기술과 자원을 지닐 수 있도록 국가나 공동체가 보장한다면 가난한 사람들은 풍부한 자원(지식 · 정보 · 기술)으로부터 큰 혜택을 볼 수 있을 것이다.

모든 이런 것들은 비현실적이고, 무리한 것처럼 보이며, 더 나아가 유토피아적 좋은 사회의 이미지로 보인다. 그러나 비록 그러한 세계가 아득히 먼 미래인 것처럼 보일 수 있으나 그런 전조(前兆)는 우리 곁으로 성큼 다가와 있다. 우리는 모든 사람의 용이한 접근이 가능한 지식과 정보에 기초한 경제로의 전환을 꾀할수록 희소성에 근거하지 않는 더욱 정의로운 세계에 더 가까워질 것이다.

제8장

다음의 거대 담론

_새로운 반문화인가? 종교의 부활인가?

1990년대의 커다란 경제적 성공은 자본주의와 국가가 그 해법을 제시할 수 없을 만큼 좋은 사회로 나아가기 위한 수많은 도덕적 · 사회적 문제들이 있다는 사실을 일깨워 주었다. 이것들은 우리가 다른 공동체로부터 온 사람들뿐만 아니라 우리의 자녀들, 부모, 친구, 이웃들에 신세를 지고 있다는 것과 같은 도덕적 문제를 포함하고 있다. 그리고 무엇보다 다음과 같은 문제를 포함해야 한다 : 우리의 개인적 · 집합적 노력의 궁극적 목적은 무엇인가? 더 큰 물질적 풍요가 우리의 종국적인 목적이고 삶의 근원인가? 언제쯤 이것으로 충분하다고 말할 수 있는가? 우리는 좋은 삶을 무엇이라고 생각하는가? 좋은 사회는 계속해서 높아가는 풍요의 수준에 기반을 두고 있는가? 아니면 우리는 상호 의존과 정신의 가치를 좋은 사회의 핵심적 가치로 삼아야 하는가?

좋은 사회로의 길은 물질적으로 풍요로운 재화는 도덕적으로 건강한 사회를 차지하더라도 인간의 행복이나 만족의 신뢰할 만한 원천이 아니라는 많은 사회과학적 토대에 뒷받침된 관찰로부터 중요한 시사점을 얻을 수 있다. 이와 관련된 많은 연구 결과물들 중 단지 몇 가지만을 소개해 보기로 하겠다. 앤드류스(Frank M. Andrews)와 위디(Stephen B. Withey)는 어떤 사람의 사회경제적 지위의 수준이 그 사람의 행복감에 미미한 영향력을 가지고 있을 뿐, 전체적인 삶의 만족도에 중요한 영향력을 가지고 있지 못하다는 것을 밝혔다.[1] 프리드먼(Jonathan L. Freedman)의 연구에 따르면 행복의 수준이 극빈자를 제외하고 각각 다른 경제적 계급에 속한 구성원들 사이에 그렇게 크게 다르지 않다는 것이다.[2] 마이어스(David G. Myers)에 따르면 통화의 팽창을 감안하더라도 개인당 세후 소득은 1960년과 1990년 사이에 정확히 두 배가 되었지만 1993년에 미국 사람들 중 32%만이 자신은 행복하다고 말했다. 1957년에도 거의 똑같은

---

1 Frank M. Andrews and Stephen B. Withey, *Social Indicators of Well–Being : American's Perceptions of Life Quality*(New York : Plenum Press, 1976), 254–255.

2 Jonathan L. Freedman, *Happy People : What Happiness Is, Who Has It, and Why*(New York : Harcourt Brace Jovanovich, 1978).

비율인 미국인들 중 35%가 행복하다고 느꼈다. 비록 경제적 성장이 1970년대 중반 이후 느렸지만 미국 사람들의 조사된 행복한 사람의 비율은 고성장 기간이든 저성장 기간이든 30%-35% 사이에서 아주 안정적인 것으로 나타났다.[3]

이것은 훨씬 더 높은 소비수준을 통한 행복의 추구가 시시피언(Sisyphean : 부질없고 헛된 것)이라는 것을 우리에게 일깨워 준다. 물질적인 욕망은 채워도 채워도 끝이 없다. 이러한 주장은 금욕과 가난과 극기의 삶을 살라는 것은 아니다. 매슬로우가 의식주의 충족(creature comforts)이라고 불렀던 기본적인 물질적 욕구가 충족된다면 추가적인 수입은 행복을 덧붙이지 않는다는 것이다.[4] 반대로 LSD(리세르 긴산 디에틸 아미드 : 환각제의 일종)에 의한 환각이 아닌 심오한 행복(만족)은 목적에 기초한 관계의 풍요로움, 다른 사람과의 연대의식, 공동체 건설과 공공 서비스의 개선, 문화적 · 정신적 추구 등을 통해 충족된다는 것이다. 풍요의 엔진인 자본주의는 전인 육성을 결코 갈망하지 않는다. 자본주의는 경제적 인간(Homo economicus)의

---

3 David G. Myers and Ed Diener, "Who Is Happy?" *Psychological Science* 6 (January 1995) : 12–13 ; Robert E. Lane, *The Market Experience*(Cambridge : Cambridge University Press, 1991), chapter 26.

4 Abraham Maslow, *Toward a Psychology of Being*, 3rd ed. (John Wiley and Sons, 1998) ; Amitai Etzioni, "Alienation, Inauthenticity, and Their Reduction," in *The Active Society*(New York : Free Press, 1968), 617–654.

육성에만 관심을 갖는다. 국가사회주의는 전인을 갈망하기보다는 인간을 완벽하게 조종하려 든다. 빈 공간을 메우는 일을 중도사회의 진화된 가치와 문화에 의존할 수밖에 없다.

노벨상 수상자인 포겔(Robert Fogel)은 커다란 풍요의 세대가 곧이어 대오각성(Great Awakenings)을 수반하게 되며, 우리가 가까운 미래에 그것을 깨우치게 될 것임을 잘 보여주고 있다.[5] 물질적 소비보다 더 심오한 목적적 가치에 대한 점증하는 관심이 있다는 것은 아주 분명해 보일지라도, 정신적 완성을 갈망하는 이것이 어느 특수한 형식을 취할 것인지를 예측하고 판단하는 데 필요한 능력은 우리에게 저절로 생겨나지 않는다. 그 형식은 종교적인 것이어야 한다고 강력히 주장하는 사람도 일부 있다. 왜냐하면 어느 다른 것도 인간 영혼을 괴롭히는 가장 심오한 문제를 말하지 않으며, 어느 다른 것도 건전한 도덕적 지침을 제공하지 않기 때문이다.[6] 이런 입장을 지지하는 사람들은 20세기 후반에 모든 형태의 미국 종교를 부흥시키려는 여러 움직임이 있다는 여러 조짐들에 한껏 고무되었다.[7] 종교

5 Robert Fogel, *The Fourth Great Awakening and the Future of Egalitarianism* (Chicago : University of Chicago Press, 1999).

6 이러한 입장은 2000년 선거운동에서 리베르만(Joe Liberman)에 의해 정교화되었다.

7 사회과학자들은 이런 입장에 동의하지 않는다. 다음을 참고하라. Robert Wuthnow, *Rediscovering the Sacred : Perspectives on Religion in Contemporary*

의 부흥은 종교활동에 참여하는 인원들과 그들의 참여횟수에서 뿐만 아니라 많은 종교인들의 믿음의 더 높은 강도, 엄격성, 몰입도 등에서 분명해 보인다. 탤보트(Margaret Talbot)는 보수적인 그리스도인, 특별히 근본주의자들은 우리 시대의 반문화를 구성한다고 실제로 주장했다. 즉, 그들은 물질적 소비에 강조를 두는 것이 아니라 정신적으로 풍요로운 삶의 의미를 알고 그렇게 살아간다.[8] 다른 사람들은 정신적 가치의 부활을 뉴에이지(New Age)의 유행으로부터 응용윤리에 대한 점증하는 관심에 이르기까지 더욱 세속적인 형식을 취하는 것으로 간주한다.

사람들은 더욱 심오하게 그리고 진실하게 만족하고 자아실현의 개인들로 탈바꿈하는 것을 차치하더라도, 매슬로우의 가치위계에서의 광범위한 상향 이동은 그 이동이 어느 수준에서 이루어졌건 간에 현대 사회에 직면한 가장 화급한 문제를 올바른 방향으로 개선할 수 있기 위한 선결조건이기도 하다. 반복하여 말한다면, 이것은 우리가 환경과의 조화로운 관계 속

Society(Grand Rapids, Mich : William B. Eerdmans Publishing Co., 1992). 최근의 종교적 삶에 대한 더 많은 논의를 위해서는 다음을 참조하라. Wuthnow, *The Restructuring of American Religion: Society and Faith Since World War II*(Princeton, NJ: Princeton University Press, 1998), and *After Heaven: Spirituality in America Since the 1950s*(Berkeley and Los Angeles : University of California Press, 1998).

8 Margaret Talbot, "A Mighty Fortress," *New York Times*, 27 February 2000, sec. 6, p. 34.

에서 살아갈 수 있기 전에 요구되는 것이기도 하다. 왜냐하면 최고의 우선성을 희소자원에 대한 더 적은 요구에 두어야 하기 때문이다. 그러한 새로운 유형의 우선성은 더 좋은 자질과 여건을 지닌 사람이 권력과 부의 진지한 재분배에 적극 동참할 유일한 조건이 될 수 있다. 그들의 개인적인 행운이 많은 양의 소비재를 축재할 수 있는 토대가 되어서는 안 되기 때문이다.[9] 추가적으로 지식기반 경제로의 전환은 수백만 명의 사람들을 가족과 공동체의 구성원으로서 서로 밀접하게 관련을 맺으며 살아가도록 해줄 것이다.

매슬로우의 가치위계에서의 자아실현, 자존감, 인간의 가치에 대한 우선성, 일종의 온건한 반문화로의 귀의, 자발적인 단순한 삶으로의 전환 등과 같은 것은 우리의 개인적인 목적이나 상호 공유하는 목적에 대해 모두가 참여하는 대화를 요구한다. (반문화로의 귀의는 통제된 실체, 혼음, 자기 기만 등의 남용에 대한 권고가 아니다. 오히려 반문화로의 귀의는 더욱 더 많은 재화에 대한 더욱 더 많은 통제를 추구하기보다는 해변에서 사색, 우정,

---

9 추가적인 논의를 위해 다음을 참조하라. Characterization, Select Psychological Implications, and Societal Consequences," *Journal of Economic Psychology* 19, no. 5 (October 1998) ; 619–643. 비록 그 값이 많이 나가지만 단순화가 하나의 유행이라는 의미에서 일부 자발적인 단순화가 가식적인 것으로 보일 수 있다. David Brooks, *Bobos in Paradise*(New York : Simon and Schuster, 2000).

사랑, 노을, 산책 등에서 심오한 기쁨과 만족을 발견할 수 있다는 깨달음이다.)[10] 지성인(지식인)들과 대중매체들이 그러한 정신적 대화를 시작하도록 도울 수 있으며, 새로운 형태의 행동을 모델화하는 것을 도울 수 있다. 공공의 리더들은 공공의 행사와 의식활동에서 소비를 줄임으로써, 단지 풍요로운 사회라기보다는 오히려 좋은 사회 속에서 성취를 이루려는 사람들을 격려해 주고 축하해 줌으로써 이런 가치의 인식을 확산시킬 수 있다. 그러나 물질적 검약의 생활과 정신적 가치를 중시하는 것은 근본적으로 마음과 정신의 변화[마음의 변화 : 벨라(Robert Bellah)가 명명한]에서 시작하는 것이다.[11] 만약 그러한 대화를 지금 시작하여 정신적으로 차원 높은 결론에 도달하지 못한다면 좋은 사회로의 진행은 점점 어려워진다.

---

10 이러한 관점을 추가적으로 보기를 원한다면 다음을 참조하라. Myron Margnet, *The Dream and the Nightmare : The Sixties' Legacy to the Underclass* (New York : William Morrow, 1993).

11 Robert Bellah et al., *Habits of the Heart : Individualism and Commitment in American Life*(Berkely and Los Angeles : University of California Press, 1985).

색인

【ㄱ】

가상 공동체 46

가치위계 205–206

감정이입 능력 84

개인의 권리 72

개인적 권리 66–68

개인주의 55, 68, 81

건강관리기구(Health Maintenance Organizations) 98

건강실천 습관 114

건강지수(wellness score) 62

검열 사례집 88

결과의 평등 189

경제사회주의 22

경제적 인간 203

고등교육 129–130

고어(Al Gore) 49

고어(Gore) 22, 191

고용창출 126

고지의무 53

곤잘레스(Elian Gonzalez) 136

골드스미스(Steve Goldsmith) 23, 49

공공 매체 148

공공 비용 116

공공 서비스 203
공공 이익 70, 118, 151, 195
공공 정책 39, 43, 53, 63-64, 78, 80, 86, 109, 139
공공 지출 118-119
공공 철학 29
공공선 141, 179
공공의 안전 97, 99, 101, 106
공공의 영역 51
공공의 이익 179
공기오염 119
공동선 70
공동체 14, 26-28, 30-31
공동체 개발부(Community Development Agency) 38
공동체 대 공동체(공동체 간 상호교류) 프로그램 42
공동체 봉사활동 145
공동체 영역 27
공동체들의 공동체 75, 182-184, 186
공동체의 도덕성 75
공동체주의 27, 64, 154
공동체주의자 14, 21, 32, 35
공립학교 19, 84, 122, 134, 185
공유가치 181
공유협정 42
공적 비용 83, 106, 118-119
공적 신뢰 165
공적 영역 148
공적 자금 43-44, 49-50, 131, 140, 178
공적 자산 127
공적 통제 101
공중 76
공중보건 113
공중보건학교 117
공화당 14, 21, 98
과세공제 195
과학 법정(Science Court) 79-81
교육자원 129-131
교의 29
교화 132
국가 27, 30, 35, 120, 147, 200-201
국가 건강 서비스 단체(National Health Service Corp) 40
국가 경찰 99
국가 안보 102, 105
국가 지식인 패널(National Reading Panel) 79
국가 청렴위원회 162
국가사회 76
국가사회주의 29, 204
국가의 영역 27

국가자유주의 14
국가적 통합 183
권리 21
그레이(John Gray) 31
그레함(Lindsey Graham) 164
극보수주의 146
근로가족 세액공제(Working Families Tax Credit) 191
근로소득세 공제(Earned Income Tax Credit) 191, 193
근본주의 205
금권정치 174
금연운동 학생(Student Working Against Tabacco : SWAT) 115
기본적인 최소 생활수준 110
기본적인 최소의 수요 189
기본적인 최저 생활수준(basic minimum standard of living) 108
기술적 보호장치 93
기업 범죄 147
기업복지 127-128
기회의 평등 189
기획사업구역(Enterprise Zone) 191
깅그리치(Newt Gingriches) 17

【ㄴ】

나와 그것 관계(I-It relations) 26, 28, 31, 141
나와 너의 관계 31, 57, 141
나와 너(I-Thou) 26, 28
남부 공동체(southern communities) 66
네이더(Ralph Nader) 22
노동시장의 유연성 140
논쟁문화(the argument culture) 173
『뉴 옥스포드 리뷰(New Oxford Review)』 88
닉슨(Richard Nixon) 155

【ㄷ】

다머(Jeffrey Dahmer)의 살인사건 91
다문화주의 17
다민족 17
다양성 182, 184
다인종사회 183
다층적 충성(layered loyalties) 184
당파성 152, 170
대기업(Big Bucks) 98
대량살상무기 103

대중매체 207
대체율 80
데이비스(Gray Davis) 137
델린저(Walter Dellinger) 157
도구적 관계 125
도구적 성향 31
도덕감 24
도덕교육 81
도덕적 가치 19
도덕적 결정론 16
도덕적 기대 71
도덕적 기준 88
도덕적 대화 65, 74–78, 80
도덕적 목소리 64, 91
도덕적 무정부주의 16
도덕적 문제 56
도덕적 문화 32, 56–58, 64–66, 74–75, 77–78, 188, 193
도덕적 상대주의 55
도덕적 양심 64
도덕적 영웅주의 42
도덕적 의무 116
도덕적 의무감 77
도덕적 의식 64
도덕적 이해 56, 77
도덕적 입장 65
도덕적 준거 65
도덕적 질서 89, 96
도덕적 책임 71
도덕적 판단 24
독재자(Big Brother) 98
독점 금지법 146
동등한 결혼(peer marriage) 75
동일성의 정치 184
동일성의 정치(identity politics) 173
동질성 183
듀랙(Duract) 116
듀아니(Andres Duany) 47
듀크(David Duke) 22
드레이(Whip Tom Delay) 154, 172
디지털 기술 182
디지털 혁명 74

【ㄹ】

라이시(Robert Reich) 127
라이언(George Ryan) 108
라이츠(James Wrights) 17
라이트(James Wright) 153
라이트(Paul C. Light) 169
레스톤(Reston) 48
레이건(Ronald Reagan) 97, 153
레즐린(Rezulin) 116
로드맵 29

로버트슨(Pat Robertson) 22, 108
로스알라모스(Los Alamos) 102
로스텐코스키(Dan Rostenkowski) 153
로웰(Abbe D. Lowell) 163
루 헐리(Mary Lou Hurley) 61
리노(Reno) 161
리디(G. Gordon Liddy) 95
리빙스턴(Bob Livingston) 153
리틀 하바나 34

【ㅁ】

마르크스 28
마샬(Will Marshall) 36
마이어스(David G. Myers) 202
메간 법안(Magan's Laws) 53
메릴랜드(Maryland) 48
메이슨(George Mason) 163
메트로폴리스(metropolis) 145
면세의 구역(a tax free zone) 196
목적적 가치 31, 204
목적적 존재 71, 86, 108
몽테스큐(Montesquieu) 18
무슬림 집단 59
무정부주의 65
문화변용 136
물질적 소비 204
물질주의 81
미국 의료조합(American Medical Association) 118
미국 핵 농축회사(United States Enrichment Corporation : USEC) 103
미국의 분열(The Disuniting of America) 181
미노우(Nell Minow) 94
민주당 14, 20–21, 98
민주시민 90
민주적 정치체계 155
민주주의 165, 175
민주주의 정치 152

【ㅂ】

바지선 20
반문화 운동 55
반사회적 행동 48, 59, 62, 86, 110
버드(Robert Byrd) 164
버지니아(Virginia) 48
버튼(Don Burton) 161
번영하는 공동체 46
범죄 억제효과 107
법률적 의무 116
법적 권리 89
베겔라(Paul E. Begela) 172

베넷(William Bennett) 90
베어(Theodore Baehr) 88
벨라(Robert Bellah) 207
벨뷰(Bellevue) 정신병원 121
보건 복지부(the Health and Human Service Agencies) 38
보수주의 21, 88, 114
보수주의자 17
보크(Robert H. Bork) 146
봉사학습 39
봉사활동 70
부모 협의회 37
부버(Martin Baber) 26
부시(George w. Bush) 21–22, 49, 97, 159
부케넌(Pat Buchanan) 22
북아메리카 성인–소년 사랑 동아리(North American Man–Boy Love Association) 95
불량국가 103
불법 체류자 133
브루클린 34
비공식적 통제 93
비도덕 88
비영리 문화기관 148
비영리 자원봉사단체 33
비영리기관 117
비영리단체 98, 116, 121
비정부기구 91
Village Voice 93

【ㅅ】

사담 후세인(Saddam Hussein) 159
사립학교 122
사생활 침해 73
사설 경찰 99
사설 교도소 100
사이버 공간 46, 74, 145, 196
사적 영역 50, 148
사회 보수주의 56, 88
사회구조 74
사회세계 26
사회적 가치 66
사회적 관습 74
사회적 메커니즘 92
사회적 모임 44
사회적 서비스 33, 185
사회적 안전망 143
사회적 연계망 59
사회적 의무 81
사회적 책임 68, 72
사회정의 127, 197, 199
산더스(Kevin Saunders) 88
상상의 공동체(imagined communi-

ty) 184
상호 존중의 규칙 152
상호 호혜성 36, 38
상황윤리 55
새크라멘토 45
새파이어(William Safire) 161
생명공학 혁명 129
생명윤리위원회 74
석유수출국기구(OPEC) 19
선출직 관리 108, 176
성노예 142
성도착증 53
세계 공동체 184
세계화 189
세뇌 76
세속주의 49
세인트 엘리자베쓰(St. Ellizabeth) 121
세제개혁법(Tax Reform Act) 195
센츄리 화운데이션(Century Foundation) 169
셀래브레이션(Celebration) 48
셀러(Emananuel Celler) 157
셀즈닉(Philip Selznick) 72
소수인종 91
소추의 면책 156, 159
Soldier of Fortune 93
수단적 가치 31
수정헌법 제1조 94
수질오염 119
쉬프(Lisa Schiff) 61
슐레싱거 주니어(Arthur Schlesinger Jr.) 181
스타(Kenneth Starr) 160–161
스톡(Thomas Storck) 88
스튜워드십 118
스트릭랜드(Ted Strickland) 104
스페니쉬 할렘 34
스펙터(Arlen Specter) 161
스펙(Jeff Speck) 47
시간 은행(time banks) 39
시민 봉사 프로그램(Civic Ventures) 40
시민 자유주의 94
시민 정치체계 151
시민교육(civic education) 84
시민권 운동 55
시민사회 18–19, 26, 107, 151
시민전쟁 181
시민참여 자문단 122
시시피언(Sisyphean) 203
시장 14, 27–28, 30, 33, 35, 102, 120, 125–126, 142, 147
시장영역 27, 142

식약청(FDA) 116
신공동체주의 15
신권정치적 56
신념(신앙)에 기초한 집단(faith-based groups) 48, 50
신자유주의 17, 20, 29
심슨(O. J. Simpson) 살인사건 91
심오한 공동체 31
심오한 행복 203

【ㅇ】
아동 보호 37
아리스토텔레스 84
아마르(Akhil Reed Amar) 157
아젠다(agenda) 22
애쉬크라프트(John Ashcroft) 49
앤드류스(Frank M. Andrews) 202
앨 고어(Al Gore) 161
야경국가 123
약물검사 73
양해각서 42
언론의 자유 66, 87
언어교육 138
여권신장 운동 55
연대의식 203
연방 이민국(Immigration and Nationalism Service) 133
연합부흥회 88
영리단체 33
예방의학 115
예비 범죄자 107
오레건(Oregon) 62
오렌지 해츠(Orange Hats) 62
오존층의 파괴 119
온건한 보수주의(compassionate conservatism) 23
온화한 도덕성(soft morality) 15-16
올버니 45
우경화 15
우파 21-22
『월스트리트 저널(Wall Street Journal)』 102, 176
웨스트 버지니아(West Virginia) 61
웨스트(Rosemary West) 91
웰스버그(Wellsburg) 61
위디(Stephen B. Withey) 202
위클리 스탠다드(Weekly Standard) 102
윌슨(Jumes Q. Wilson) 176
유대인 공동체 59
유대인 사회 34
유연한 도덕성 57
유토피아 세계 145

응용윤리 205
의료기록 73
24/7사회 17
이데올로기 27, 29
이라크 게이트 159
이란-콘트라 사태(Iran-Contra Affair) 159
이민 공동체 66
이민법 133
이민자 적응 프로그램 137
이익집단(interest group) 35
인간 매매 142
인간의 존엄성 70
인격교육 85
인격발달 84, 132
인격발달 프로그램 84
인격형성 78, 85-86
인적 자원 128
인종문제 186
인종차별 정책 138
인터넷 시대 139
1달러 1표 174
1인 1표 174
임명동의 과정 168
잉여가치 126
LHD-8헬기 수송기 178

【ㅈ】

자경단(Volunteer) 62
자발적 결사체 19, 71, 121, 148
자본주의 201, 203
자비로운 선택(Charitable Choice) 49
자아실현 206
자원 재활용 120
자원 희소성 197
자원봉사 정신 39
자원봉사자 122
자원봉사제도 39
자유권 27
자유방임적 공동체 67
자유방임적 시장 67, 141
자유방임주의 14
자유시장 22, 28-29
자유주의 21, 87, 94, 110, 114
자율성 27
자율적인 규제 90, 92
자존감 206
장기 거래 142
장애물 훈련장(Obstacle Course) 169
재정적자 127
재정흑자 126

잭슨(Jesse Jackson) 90
전략적 물자 103
전인 육성 203
전체론 86
전체주의 30
전통적 가정 79
정부 33
정부 규제 138
정서적 관계 58
정신의 변화 207
정신적 가치 207
정치게임의 규칙 151
정치적 투쟁 179
제1의 원리 27
제3의 길 23
제4 수정안 헌법 73
제4의 길 23
제7의 길 23
존스(Paula Jones) 156
존슨(Norma Holloway Johnson) 170
종교의 부흥 204
종교적 우파 56
좋은 사회 15, 26–28, 66, 81, 83, 85, 144–145, 151, 183, 200–201, 207
좋은 삶 67
좌경화 15
좌파 22
좌파주의 20
죄수 프로그램(Inner Change Freedom Initiative) 48
주류문화 183
주브나일(Jena Juvenile) 교도소 100
주택 · 도시개발부(Housing and Urban Development) 38
중도 15, 20–21
중도사회 47, 204
중도적 공동체주의 184
중도주의 20–21, 23, 25, 27, 29, 64, 119, 122, 127, 141, 182
GOP(공화당) 21
지식기반 경제 196–197, 199, 206
지식기술 사회 197
지식산업 129
지역 공동체 121
지적 재산권 198
진보정책연구소(Progressive Policy Institute) 36
질병 통제와 예방센터(the Center for Disease Control and Prevention) 38

【ㅊ】

차별대우 72
차이나타운 34
책임 1
책임의식 70
처벌받을 확률(Pr) 106
초보수주의 56
최소 정부 123
출생률 80

【ㅋ】

캠벨(Tom Campbell) 153
코우츠(Dan Coats) 49
콕스(Archibald Cox) 159
콜롬비아(Columbia) 48
큰 정부 28, 30, 122
클린턴(Bill Clinton) 17, 97, 153, 155
키부츠 67

【ㅌ】

타임워너(Time-Warner) 90
탄핵 청문회 21
탤보트(Margaret Talbot) 205
테넌(Deborah Tannen) 173
토크빌(Alexis de Tocqueville) 18
통합 17
트리베(Laurence Tribe) 156
특별 검사 153
특별 보조금 178
특별검사법(Independent Counsel Act) 159
틸라무크(Tillamook) 62

【ㅍ】

파글리아(Camille Paglia) 22
파라칸(Louis Farrakhan) 22, 90
파시커(Posicor) 116
페미니스트 87
페비안 사회주의 193
Penthouse 93
펠덴(Feldene) 116
평균수명 114
포겔(Robert Fogel) 204
포드(Gerald Ford) 164
포르노그라피 87-88
포스트모던 가정 79
표적시장의 소리(Target Market Voice : TMVoice) 115
표현의 자유 87
푸트남(Robert Putnam) 19
프라이버시 98
프레팔시드(Propulsid) 116

프리단(Betty Friedan) 185
프리드먼(Jonathan L. Freedman) 202
플레이터 지버크(Elizabeth Plater-Zyberk) 47
플로리다(Florida) 48
피트니스 지수 62

【ㅎ】

하위문화 181
하이미타운(Hymietown) 90
할례 66
합법적 이민자 134
해밀턴(Alexander Hamilton) 163
해비타트(Habitat) 재단 191
해적(Sea Wolf) 잠수함 178
해커(Andrew Hacker) 185
허친슨(Edward Hutchinson) 164
헌법적 권리 66
형벌의 양(Pe) 106
환경보호 120
환경보호 정책 119
희소성 199-200
힐러리 클린턴(Hillary Clinton) 111

■ **저자**_아미타이 에치오니(Amitai Etzioni)

조지 워싱턴 대학교(George Washington University) 교수
The Limits of Privacy, The Spirit of Community 등 20여 권의 저서 집필

■ **역자**_이범웅

서울대학교 대학원 국민윤리교육과 졸업
교육학 석사 및 박사
UC, Riverside 방문연구자
현 공주교육대학교 윤리교육과 교수

〈저서 및 논문〉

『국가정책과 체계과학』(공저, 도서출판 신유, 1997).
『지구촌 생태계 위기와 환경윤리교육』(공저, 서울대학교 출판부, 2002).
『21세기 북한학 특강』(공저, 인간사랑, 2003).
『도덕과 교육의 이론』(공저, 인간사랑, 2004).
『도덕과 교육의 실제』(공저, 인간사랑, 2004).
『도덕 · 윤리과 교육의 학제적 접근론』(공저, 교육과학사, 2005).
「공동체주의의 통합적 기능에 관한 복합체계론적 연구」(서울대학교 박사학위 논문, 1997).
「한국사회에서의 공동체주의의 적실성에 관한 탐색」(한중윤리학회 연차 학술대회, 2001).
「민주주의와 공동체주의의 상보성에 관한 일고」, 『국민윤리연구』(제56, 2004) 외 다수.

넥스트 -좋은 사회로 가는 길-

초판1쇄 / 2007년 1월 20일

지은이 **아미타이 에치오니**
옮긴이 **이범웅**
펴낸이 **여국동**
펴낸곳 **도서출판 인간사랑**
인 쇄 **백왕인쇄**
제 본 **은정제책사**

출판등록 1983. 1. 26. / 제일-3호 (411-815) 경기도 고양시 일산구 백석동 1178-1
TEL (031)901-8144, 907-2003
FAX (031)905-5815
e-mail/igsr@Yahoo.co.kr
igsr@Naver.com

정가 12,000원

ISBN 978-89-7418-207-6 93330

※ 잘못된 책은 교환해 드립니다. ※ 불법복사는 지적재산을 훔치는 범죄행위입니다.